자녀독립 프로젝트

자녀독립 프로젝트

옥 패밀리 삼남매의 홀로서기 도전기

© 박임순·옥봉수 2013

초판 1쇄 발행   2013년 5월 27일
초판 3쇄 발행   2015년 1월 14일

지은이   박임순 옥봉수

펴낸이, 편집인   윤동희

편집   김민채 장윤정
기획위원   홍성범
디자인   최윤미
일러스트   박세연

마케팅   방미연 최향모 유재경
온라인 마케팅   김희숙 김상만 한수진 이천희
제작   강신은 김동욱 임현식
제작처   영신사
종이   매직패브릭 아이보리 220g(표지), 백색모조 120g(본문)

펴낸곳   (주)북노마드
출판등록   2011년 12월 28일 제406-2011-000152호

주 소   413-120 경기도 파주시 회동길 216
문 의   031.955.1935(마케팅) 031.955.2646(편집) 031.955.8855(팩스)
전자우편   booknomadbooks@gmail.com
트위터   @booknomadbooks
페이스북   www.facebook.com/booknomad

ISBN   978-89-97835-22-5 03370

* 이 책의 판권은 지은이와 (주)북노마드에 있습니다.
  이 책 내용의 전부 또는 일부를 재사용하려면 반드시 양측의 서면 동의를 받아야 합니다.
  북노마드는 (주)문학동네의 계열사입니다.

* 이 책의 국립중앙도서관 출판시도서목록(CIP)은 e-CIP 홈페이지(www.nl.go.kr/cip.php)에서 이용하실 수 있습니다.
  (CIP 제어번호: CIP2013005549)

자녀독립

옥 패밀리 삼남매의 홀로서기 도전기

프로젝트

박임순·옥봉수 지음

북노마드

"엄마 아빠, 큰일났어요."

어느 날 막내아들이 난감한 표정을 지으며 말했다. 당시 막내는 18세로 고등학교 2학년 나이였지만, 회계사무소에 입사하여 6개월째 근무하고 있었다. 어린 나이에 세금과 관련되는 일을 하고 있으니 혹 실수라도 한 것은 아닌가 싶어 조심스레 아들에게 물었다.

"회사에서 무슨 일이라도 있었니?"

걱정스러운 우리의 표정과는 달리, 막내는 겸연쩍게 웃으며 엉뚱한 말을 했다.

"제가 무슨 잘못을 한 건 아니고요, 제 밑으로 두 명의 신입사원이 들어오는데 각각 27세와 29세인 누나, 형님이에요. 모두 선배 격이니 어떻게 대해야 할지 모르겠어요."

모두가 안도의 한숨을 내쉬곤 웃음보를 터뜨렸다.

"아, 그렇구나! 아들, 축하한다. 드디어 회사에서 막내 딱지를 떼게 되었네."

아들의 말을 빌리면, 지난 6개월은 자신이 근무하는 회계사무소에서 제일 신참이었고 모두 자신보다 선배라 대하기가 편했는데, 이제는 나이 많은 형들이 직장 후배로 온다 하니 조금은 고민이 되었다는 것이다.

아들이 보낸 인고의 6개월이 순식간에 머리를 스쳐지나갔다. 또래의 아이들이 교복을 입고 학교로 향할 때 아침마다 지각을 걱정하며 달려나가던 모습. 어느 날은 뭐가 잘못되었는지 시무룩한 표정으로 일을 마치고 집에 들어서기도 했고, 세금 신고 기간이면 새벽까지 일을 하고 와 정신없이 코를 골며 잠이 들었다. 잘 견디며 열심히 살고 있는 막내가 대견스러워 어깨를 토닥거려주었다. 얘기를 마치고 방을 나가던 막내가 멋쩍은 듯 웃으며 말했다.

"말씀하신 대로 다른 모든 것은 형님 대우를 하고 도울 것은 도와드릴게요. 그런데 아마 아침 일찍 출근해서 청소하는 일은 제가 하지 않아도 될 것 같아요."

조금은 신난 얼굴로 사무실 청소 이야기를 하는 아들의 표정을 보니 웃음이 나왔다. 아침에 늦잠이라도 잔 날에는 아침밥 먹고 가라는 말도 들은 둥 마는 둥 뛰쳐나갔는데, 그 이유가 바로 사무실 아침 청소 때문이었던 것이다. 다른 사람보다 10분이나 20분 정도 빨리 가서 바닥 쓸고, 책상 닦고, 쓰레기통 비우는 일이 신참인 막내의 일이었다. 집에서는 아무리 잔소리를 해도 방 청소는커녕 벗어 놓은 옷도 제자리에 걸지 않아 꾸중을 듣던 아이였는데……. 부모가 가르칠 수 없었던 책임감을 사회생활을 하며 배워간다는 생각도 들었다. 막내를 향해 큰 소리로 응원해주었다.

"정말 축하해. 아침에 먼저 가서 청소하는 게 쉽지는 않았지?"

"에이, 그까짓 청소쯤이야……. 실컷 세금 계산 다 해봤는데 틀려버렸을 때랑 비교하면 아무것도 아니에요."

웃으며 나가는 아들의 뒷모습을 보니 말할 수 없이 든든한 마음이 들었다. 어느새 훌쩍 몸도 마음도 자라버린 아들. 공부하기에 바빠야 하고 부모가 주는 돈을 쓰기만 하는 고등학교 2학년 나이의 철없던 막내, 무엇이 우리 철없던 막내를 이토록 변하게 했을까? 몇 년 전의 우리 가정의 모습을 돌이켜보면 상상도 할 수 없는 놀라운 변화였다.

같은 중학교에 발령된 동기 교사로 만난 우리 부부는 결혼 후 세 명의 아이를 낳아 키웠다. 그러다가 첫아이가 중학교에 입학하고부터 교육 문제로 가족 관계에 금이 가기 시작했다. 지금은 단순히 "그때 정말 힘들었습니다"라고밖에 표현할 수 없지만, 3~4년 동안 갈등의 시간을 보내면서 뭔가 특단의 조처를 취하지 않으면 가정이 깨질 것 같다는 위기감을 느꼈다. 그래서 우리 부부는 22년간 다니던 학교를 동시에 그만두었고, 중학교 1학년과 3학년, 고등학교 1학년을 마친 세 아이는 학교가방 대신 배낭을 메고 온 가족이 함께 세계여행을 떠났다. 목표는 오직 하나, 깨진 가족 관계를 회복하는 것이었다. 많은 분들이 부러움 반, 불안감 반으로 우리 가족의 행보를 바라보았다. 솔직히 말하자면 부러움으로 바라보는 사람들보다 이해할 수 없다는 불안함으로 바라보는 쪽이 더 많았다.

그러나 여행을 마치고 돌아와 3년이 지난 요즘, 우리 가족은 더없이 행복한 나날을 보내고 있다. 10대 청소년 세 자녀와 부모가 545일에 걸쳐 경험한 좌충우돌 여행기 『세상이 학교다 여행이 공부다』(북노마드, 2011. 6)를 출간했고, 강연이나 방송, 신문과 잡지 등을 통해 많은 부모님 및 기관들과 마음을 나눌 수 있는 시간을 이어왔다. 책을 통해 아이들과 소통할 수 있는 방법을 배웠다는 부모님들의 말씀을 들을 때면 고맙고 기뻤다. 그런데 특강이나 모임에 초대를 받아 갈 때면, 꼭 받게 되는 질문이 있었다.

"여행을 마치고 아이들은 어떻게 지냅니까? 대학은 어떻게 했나요?"

한국의 교육 방식이 전부 나쁜 것은 아니지만, 우리 또한 한국 부모인지라 한국의 교육 흐름을 무시할 수는 없었다. 그러나 우리 집의 세 아이는 현재 직장 생활을 하며 공부하고 있다. 기존의 한국 아이들과 다른 방향으로 진로를 만들어가고 있는 것이다. 이런 부분에 대해 말씀드리면 오히려 많은 부모님들이 공감해주셨다.

"이게 아닌데…… 하면서도 어떤 방법으로 어떻게 시작해야 할지 몰라서 막막했는데, 먼저 새로운 길을 가주시니 많은 도움이 되었습니다."

"우리 아이도 기존과 다른 방식으로 공부해보려고 하는데, 주위 분들이 자꾸 이상하게 보셔서 외롭고 불안했습니다. 그런데 이렇게 직접 실행하고 있는 분을 만나니 힘이 납니다."

같은 고민을 하고 있는 부모님들을 만나뵐수록 우리 가족의 현재 이야기를 보다 많은 사람들과 공유하고 싶다는 마음이 생겨났다. 학문적으로 정립된 이론이 아닌, 좌충우돌 새로운 방향을 만들어가는 우리 가족의 삶의 이야기이기에 조심스러운 마음도 들었다.

우리 부부는 공교육 반대론자가 아니다. 공교육은 우수한 교사 그리고 다양한 콘텐츠를 바탕으로 가장 탁월한 교육을 만들어낼 수 있는 교육 시스템이기 때문에 모든 교육의 핵심으로서 중요한 역할을 해왔고 앞으로도 그럴 것이다. 우리 부부 역시 22년간 한국의 중등학교에서 교사로 있었기에 누구보다 한국의 교육과 아이들에 대한 애정과 관심이 깊다.

그러므로 공교육 대(對) 대안교육이라는 이분법적인 논리가 아니라, 빠른 변화의 흐름 속에서 다양한 교육의 장(場)들이 인정되고 함께 어우러졌으면 하는 소망과 고민을 나누고자 하는 마음으로 이 책을 집필하게 되었음을 미리 밝히고 싶다.

우리 집 세 아이가 여행을 마치고 한국으로 돌아왔을 때의 나이는 각각 20세, 19세, 17세였다. 바로 대학에 진학하지는 않았고, 자신의 적성에 맞는 일들을 먼저 해보기로 했다. 북미와 유럽을 여행하는 동안 우리는 만 18세, 즉 고등학교를 졸업하는 나이가 되면 부모로부터 독립하여 자신의 삶을 살아가는 아이들을 자주 볼 수 있었다. 한국적인 시각에서는 낯설수도 있지만, 우리 가족도 귀국 후에는 자녀교육에 대한 고민을 지난날과는 다른 방법으로 해결해나가기로 결정했다. 그리고 이런 우리 가족의 새로운 진로탐색 실험을 '자녀독립 프로젝트'라 명명했다.

자녀독립 프로젝트는 '20세 전후에 자녀가 부모로부터 독립을 준비, 실천하고, 스스로의 힘으로 결혼을 준비해 행복한 가정을 꾸리는 것'을 전제로 한다. 이에 대한 주변 분들의 반응 역시 우리 가족이 배낭을 메고 떠날 때 보여주셨던 것과 비슷하다. 부러움 반, 불안감 반이다. 아이를 대학에 보내지 않는다는 것은 왠지 모르게 '남들보다 뒤처지는 길로 가는 것이 아닌가' 싶은 마음이 들게 할 수도 있다. 그러나 시간이 갈수록 그에 관한 고민을 털어놓으며 방법을 문의하시는 부모님들 또한 많아졌다.

우리 집 세 아이는 한국으로 돌아온 그해부터 부모인 우리의 경제적인 도움을 받지 않은 채, 스스로 직업을 선택하고 자신의 힘으로 공부하며 각자의 인생을 만들어가고 있다. 덕분에 우리 부부는 예전보다 조금은 한가로워졌고, 아이들은 부지런히 몸을 움직이고 자신의 인생을 고민해야 하는 상황이 되었다.

545일 동안 세계일주를 하면서 깨달은 것 중 하나는 '글로벌 사회에서 살아갈 아이들에게는 한국의 흐름보다 세계의 흐름을 준비하는 것이 더욱 중요하다'는 것이었다. 전 세계가 모양은 조금씩 다르지만 하나의 공통적인 흐름으로 흘러간다는 것을 여행을 통해 볼 수 있었기 때문이다. 비록 지금 한국에서는 학벌이 중시되지만, 우리 아이들이 활동할 10~20년 뒤의 시대에는 지금의 선진국처럼 학벌보다는 실력으로 평가받게 될 것임을 느낄 수 있었다. 그래서 자녀독립 프로젝트는 바로 아이들이 '학벌'이 아닌 '실력'을 키울 수 있게 하는 데 초점을 맞추었다.

물론 우리 집 세 아이의 자녀독립 프로젝트는 아직 진행형이다. 때로는 힘들다고 투덜대기도 하지만 아이들은 그 어느 때보다 열심히 하루하루를 살아가고 있다. 아직 진행형인 자녀독립 프로젝트이지만 그동안의 진행 과정과 방법 등을 책으로 출간하는 이유는 우리가 시도한 방법이 옳다는 것을 주장하기 위함이 아니라는 사실을 꼭 말씀드리고 싶다. 시행착오도 많았고 갈등과 어려움도 있었으며 앞으로도 그런 과정들은 계속 발생할 것이다. 그러나 다양한 시도가 필요한 시대에서 우리의 경험을 공유함으로써 보다 많은 우리네 아이들이 웃을 수 있는 교육이 만들어지기를, 그리고 한국 사회에 다양한 교육회복운동이 일어나기를 바라는 마음을 이 책에 담았다.

아이들을 바라볼 때마다 고민을 잔뜩 안고 한숨을 쉬던 시절도 있었다. 하지만 지금은 놀랍게도 한숨 대신 웃음으로 우리 아이들을 바라볼 수 있게 되었다. 자녀를 향해 지고지순한 사랑을 바치는 대한민국의 부모님들과 이 웃음을 나누고 싶다. 혹여나 예전의 우리처럼 한숨을 짓고 있는 부모님이 계신다면 꼭 한 번 더 손잡고 일어서시라고 말씀드리고도 싶다. 지금 교육은 희망이 아닌 절망이 되어버렸고, 교육 문제로 온 가족이 힘들어하고 가정이 깨지기도 한다. 그럼에도 우리가 희망을 걸어야 할 곳은 교육이기에, 아이들이 세상을 살아가는 데 필요한 생명과 힘의 원천은 부모님의 사랑이기에, 함께 더 좋은 지혜를 보태주시는 마음으로 읽어주시길 바란다.

1장

길 위에서
넘어지다

SKY나
아이비리그
정도는
다녀야

우리 가족이 여행을 마무리하며 미국에서 몇 달간 지낼 때의 일이다. 아이들은 그동안 여행을 통해 동기가 부여되어서인지 시키지 않아도 영어 공부에 매달렸다. 그때 자녀들 교육 문제로 미국에 와 있던 한국 엄마들이 우리 아이들을 보더니 말했다.

"전 세계를 보고 와서 그런지 아이들이 한국의 십대들과는 확실히 다른 것 같아요."

남다른 칭찬에 감사의 뜻을 전하자, 한 엄마가 "아이들 대학은 어떻게 하실 건가요?"라며 의미심장한 어투로 물었다. 그러자 옆에 있던 다른 엄마가 조금은 걱정스러운 듯이 말했다.

"세계 여행도 하고 했으니…… 적어도 미국의 아이비리그나 한국의 SKY 대학 정도는 들어가야 자녀교육에 성공했다고 한국에서 인정받을 수 있지 않을까요?"

'성공적인 자녀교육이란 아이들을 미국의 아이비리그나 SKY 대학에 보내는 것'이라는 생각 때문에 부모들은 성적이라는 잣대에 맞추어 자녀들을 무한경쟁으로 내몰곤 한다. 차라리 '자녀교육'이라는 말 대신에 '자녀가 좋은 성적을 받고, 명문대학에 진학하며, 번듯한 직장을 갖게 하는 것'이라고 표현하는 것이 정직하지 싶다. 물론 이 모든 것이 필요 없다거나 나쁘다는 말은 아니다.

미국에서 만난 한국 교민들 중에는 교육 문제로 아이와 엄마만 미국에 와 있는 이들도 많았다. 이런 현상은 미국뿐 아니라 영어 사용국인 남아프리카공화국에서도 흔히 볼 수 있었다. 미국이나 남아공에서 만난 엄마들은 한국의 교육 현실 때문에 어쩔 수 없었다는 말을 자주 하면서도 기러기 아빠로 한국에 남아 생활하는 남편에 대해 마음 아파했다. 어떤 부모님들은 그렇게 생활하는 중에 관계가 나빠져 영영 헤어지는 상황에 처하기도 했다. 무엇이 멀쩡한 가정을 이렇게 흩어지게 만들었을까? 우리 주변에서 예사로 볼 수 있는 일들이니 그냥 무덤덤하게 여겨도 되는 걸까?

오래전 미국으로 이민 온 어떤 분의 얘기는 참으로 충격적이었다.

"도대체 한국에서는 아이들에게 무엇이 중요하다고 가르치는 건가요?"

무슨 영문인지를 몰라 어리둥절해하는 우리에게 그분이 자초지종을 말해주었다.

"어떻게 대학원 과정을 공부하러 온 여자아이가 자기 속옷도 스스로 세탁할 줄 모르는 거죠? 제 조카인데도 이해가 안 됩니다."

한국에 사는 오빠네의 자랑거리인 조카는 한국에서 명문대를 졸업한 뒤 석사 과정을 공부하러 미국에 왔는데, 공부 외에는 손도 까딱하지 않는단다. 그런 조카에게 속옷만이라도 스스로 빨라고 했더니 조카는 바로 한국의 엄마에게 전화를 했고, 곧 서울의 올케한테서 서운함이 담긴 항의 전화를 받았다는 것이다.

"고모! 우리 애는 한국에서 공부밖에 안 했어요. 그런 애한테 속옷 빨래를 시키다니요?"

그런 사소한 문제로 한국의 엄마에게 전화를 한 조카도 이해가 안 되지만, 자신에게 섭섭함을 나타내는 올케 언니는 더 이해할 수 없다고 했다. 한 명밖에 없는 조카에게 그 정도도 못해주냐는 듯이 말하는 올케 언니의 태도를 과연 진정한 자식 사랑이라고 할 수 있는지 의문이 든다며 씁쓸해했다.

또 25세였던 어느 이민 2세 아가씨의 말도 생각난다.

"한국에서 유학 온 오빠들은 정말 돈을 잘 써요. 저희들은 아르바이트해서 용돈을 버는데 그 오빠들은 우리의 한 달 용돈에 해당하는 돈을 하루 저녁에 다 쓰기도 하더라고요. 한국 부모들은 이십대 후반인 자식에게도 조건 없이 돈을 준다는 게 참 신기해요."

똑같은 한국의 후손인데 미국서 태어난 이민 2세는 자식 사랑에 끔찍한 한국 부모가 이해되지 않는다고 하고, 한국서 태어난 아들은 부모가 보내주는 돈으로 미국에서 펑펑 인심을 쓰고 있으니……

이 역시 유학생들의 전체를 대변하는 것은 절대 아니다. 한푼이라도 아껴가며 시간을 쪼개서 공부하고 자신의 꿈을 위해 땀을 흘리는 학생들이 더 많았으니까. 하지만 그렇지 못한 경우도 허다했으니, 부모랑 생이별시키고 돈 들이고 시간 투자해 자식을 망치는 경우라 할 것이다. 자식을 사랑하는 최고의 방법이라 여기며 미국에까지 자녀를 보내고 힘들게 뒷바라지하는 한국의 부모들이 또래의 교민 아이들에게는 이해할 수 없는 의 자녀교육에서 중요한 것은 속도가 아니라 '방향'입니다. 부모들이 강요하는 대로 유학을 떠나고 명문대학 입학을 위해 공부하는 우리시대의 아이들. 빠르게 달리는 것보다 올바른 방향으로 천천히 걸어갈 수 있게 돕는 것이 진정한 부모의 역할이 아닐까요?

문의 대상이 되어버린 현실이 참으로 아이러니했다. 그런 유학생들의 경우, 대부분은 아이들 스스로가 자신의 꿈을 정한 것이 아니기에 의지가 없는 것이 당연한지도 모르겠다. 하지만 이런 예를 접하기 위해 비행기 타고 미국까지 갈 필요도 없다. 한국에서도 이런 경우는 흔하게 일어나기 때문이다.

한국으로 돌아온 우리 부부는 '가정과 교육 세움터'라는 상담센터를 설립했다. 아파하는 한국의 가정과 교육을 회복시키고자 하는 작은 소망 때문이었다. 하루는 한 도서관이 주관한 특강에서 강의를 마치고 참석하신 분들과 인사를 나누는데, 머리가 허연 육십대 후반의 할머니께서 눈물을 글썽거리시며 다가오셨다.

"두 분 말씀을 들으니 자식을 최고로 교육시키는 것보다 더 중요한 것이 있었는데, 난 그걸 몰랐네요. 그래서인지 지금은 너무 외롭답니다."

사연인즉슨, 두 딸을 훌륭한 예술인으로 키우기 위해 할머니는 딸들이 어릴 적부터 모든 스케줄을 철저하게 관리하며 최선을 다하셨단다. 아이들은 불평하지 않고 따라주었고, 할머니의 바람대로 남들이 알아주는 예술인이 되었다. 할머니는 두 딸을 훌륭하게 결혼까지 시켰다. 그런데 결혼 후 1년이 지난 어느 날, 두 딸이 약속이나 한 듯이 돌아가며 할머니에게 폭탄선언을 했다고 한다.

"엄마, 전 이제 더이상 엄마를 찾아오지 않을 거예요. 엄마는 저를 위해 그렇게 하셨는지 몰라도 정말 힘들었어요. 난 단 한 순간도 행복하지 않았어요. 엄마 밑에서 자랄 때만 생각하면 분노가 치밀어서 이젠 더이상 그런 괴로움에 젖기 싫어요."

도무지 영문을 알 수 없는 할머니 앞에서 딸은 다시 울분에 찬 목소리로 말했단다.

"엄마, 제가 결혼한 이유도 하루빨리 엄마로부터 벗어나고 싶어서였어요. 이젠 저도 제 행복을 찾고 싶어요."

이런 사연을 털어놓으며 눈물을 흘리시는 할머니의 모습에 가슴이 미어지는 것 같았다. 할머니에게 딸들은 어떤 존재였을까? 부모라면 누구나 알 수 있을 것이다. 그 할머니 또한 어머니였기에 단 한 번도 딸들을 사랑하지 않은 적이 없었을 것임을 말이다. 그런데 왜 지금 백발의 노모는 자신의 사랑 때문에 힘들어했던 딸들의 모습에 통곡해야 할까?

얼마 전 상담을 왔던 고등학교 1학년 남학생의 경우에서도 부모의 사랑이 사랑으로 받아들여지지 못한 가정의 모습을 볼 수 있었다. 상담하다가 눈물을 흘리는 엄마의 모습을 가소롭다는 듯 바라보던 아들이 말했다.

"제발 연극 좀 하지 마세요. 엄마가 언제 나를 소중하게 생각하신 적이 있어요?"

경멸에 찬 아들의 눈빛을 눈물을 글썽이며 바라보던 엄마가 혼잣소리처럼 말했다.

"정말 어릴 적에는 나무랄 데 없이 착하고 잘했는데……. 왜 이렇게 갑자기 돌변한 건지 모르겠어요."

이런 엄마의 푸념이 짜증난다는 듯 아들이 쏘아붙였다.

"엄마에게 아들은 적어도 서울대쯤은 들어가줘야 하고, 남자니까 공부만큼 운동도 잘해줘야 하고, 성격도 좋아야 하고……. 그런 아들을 원했으면 엄마가 조립해서 만들어요. 왜 쓸데없이 나를 낳아 가지고 난리야?"

자신의 사랑을 몰라주는 아들을 향해 눈물짓는 엄마. 그리고 그런 엄마의 사랑이 고통이었노라고 탄식하는 아들의 모습. 우리네 한국만의 이야기 같아 짓누르는 아픔이 느껴졌다.

"미국의 명문대학이나 서울대를 들어가게 해주는 대신 당신과 아이는 영원히 만나지 못하게 됩니다."

"대기업에 입사하는 조건으로 당신의 아이는 행복한 마음을 영원히 잃어버릴 것입니다."

누군가 이런 조건을 내세우며 한 가지를 택하라면 과연 우리는 명문대학과 번듯한 직장만을 고집하는 부모가 되려고 할까? 부모라면 내 자식이 행복하기를 바라는 것은 당연할 것이다. 그러면서도 여전히 부모인 우리가 정한 기준을 내려놓지 못하고 아이에게 이렇게 말하며 위안할지도 모른다.

"엄마 말 들어. 다 너를 위한 거야! 넌 다 잘할 수 있어. 나중에는 분명히 나한테 고마워할 거야."

과연 그럴까? 가보지 않은 길이기에 미련을 버리지 못하지만, 할머니의 눈물 섞인 고백을 통해 조금은 더 솔직해져야 한다는 생각을 하게 된다.

하숙생이
되어버린
가족들

"엄마! 정말 하나하나 똑바로 보고 최선을 다해서 시험 쳤다니까요?"

"최선을 다했다면서, 어떻게 엄마랑 할 때는 맞혔던 문제를 이렇게 틀려 온 거니?"

시험지를 들고 엄마와 딸이 씩씩대고 있다. 딸은 억울한 듯 눈물을 글썽이며 엄마를 쳐다보지만, 엄마는 전혀 믿기지 않는 듯 더욱 큰 소리로 야단을 친다. 중간고사나 기말고사를 치르고 나면, 중학생 딸과 엄마는 마치 정해진 절차처럼 이렇게 어김없이 한판 대결을 벌였다. 눈물을 뚝뚝 흘리고 서 있는 딸에게 엄마는 간곡히 말했다.

"제발 정신 좀 차려라. 다 너 좋으라고 하는 거잖아. 이러는 엄마도 정말 힘들어. 어서 들어가서 공부해!"

고함소리에 고개를 숙이고 방으로 들어가는 딸의 모습만 보자면 엄마의 완승 같았고, 엄마의 간절한 사랑이 통할 것처럼 보였다. 그러나 나중에야 엄마는 알게 되었다. 그 딸은 시험공포증에 걸려 시름시름 앓고 있었다는 것을······.

　몇 년 전 우리 집의 풍경이다. 우리 가정 역시 여행을 떠나기 전까지는 전형적인 한국 가정의 모습이었다. 시험 기간이 되면 집안 분위기는 살얼음판을 걷는 듯 날카로워졌다. 아이의 시험점수는 곧 그 아이의 미래를 좌우하는 결정타라고 여겨졌기에 시험에서의 작은 실수도 용납되지 않았다. 이런 상황이 되자 가장 먼저 부부 사이에 금이 가기 시작했다.

　"당신은 엄마라는 사람이 어떻게 애들을 성적만으로 들들 볶고 그래?"

　"도대체 아빠가 되어 가지고 그렇게 세상 물정을 몰라서 어떡해요? 한국에서 공부 못하면 아이 인생이 어떻게 되는지는 당신도 잘 알잖아요?"

　이전까지는 언쟁하는 모습을 가능한 한 아이들에게 보이지 않으려 애썼던 우리 부부였지만, 자식 문제가 걸리자 서로 한 치의 양보도 없이 자신의 방식만을 고집하기 시작했다. 결과는 자명했다. 부모가 자기들 때문에 싸우기까지 하면 아이들은 그런 부모에게 미안해서라도 더 잘할 것이라는 생각은 순전히 우리의 오해였을 뿐, 실상은 전혀 그렇지 않았다. 아이들은 점차 대립하는 엄마와 아빠의 눈치를 보기 시작했고, 항상 누가 더 자신의 편이 될 수 있는지를 가늠하고 행동해야 하는 상황 속에서 불안해했다. 기회만 있으면 밖으로 나가버렸고, 부모와는 최대한 시선을 마주치지 않으려 애썼다. 그렇게 우리 부부는 '자식을 잘 키우기 위한 투쟁'을 무려 4년간 이어갔다. 부모의 입장에서 보면 그것은 분명 '지극한 자식 사랑'이었다. 그런데 왜 아이들에겐 그 사랑이 피하고 싶은 부담이자 자신의 존재감까지도 흔들리게 하는 고통이었을까?

대학생 때 친구가 머물던 하숙집에 간 적이 있었다. 주인댁의 방을 지나 2층 계단을 올라가면 친구의 하숙방이 있었는데, 이상하게 그 집에서는 모든 것이 조심스러웠다. 한번은 친구와 같이 있다가 저녁식사 시간이 되어서 밥을 얻어먹게 되었는데, 주인아주머니께서 괜찮다고 하시는데도 괜히 눈치가 보여 식사하는 내내 전혀 즐겁지 않았다. 그 뒤로는 되도록 식사 시간은 피해서 가려 했던 것을 보면, '편안하게 드러눕지 못하고 아무 때나 친구를 데려오지는 못하는 곳이 하숙집'이라는 생각이 들었다.

그런데 우리 집이 그런 하숙집처럼 변해갔다. 부부 사이가 깨졌을 뿐 아니라 계속해서 성적이라는 잣대만으로 평가하기 시작하자 아이들은 슬슬 우리를 피하기 시작했다. 집에 와서도 다들 자신의 방으로 들어가기 바쁘고, 어쩌다가 부모에게 말을 하는 것은 돈이 필요할 때뿐이었다. 참 희한하게도 서로 밥은 같이 먹고, 필요한 돈은 가져가면서도 최소한의 말만 내뱉는 나날들이 이어졌다. 이런 상황을 뭐라고 표현해야 할까? 아마도 '같은 공간에 있긴 하지만 정서적으로는 별거인 상태'라고 할 수 있을 것이다. 이런 정서적 별거 상태를 겪으면서도 밖으로는 멀쩡하게 아무 일 없는 듯 지내는 가족들. 하숙생 같은 가족이 모인 우리 집의 풍경이었다.

언젠가 TV 방송에서 엄마와 2년 동안 한마디도 말을 하지 않은 아들에 대한 이야기를 본 적이 있다. 밥상을 차린 엄마가 "밥 먹어라"라고 말해도 아들은 밥을 먹지 않고, 어디를 나갈 때도 엄마 대신 누나가 "어디 가니?" 하고 물어야 대답을 한다고 했다. 이제 군대를 가야 할 상황이 되었는데도 여전히 자신과는 한마디 말도 나누지 않는 아들을 보며 엄마는 얼마나 마음이 아팠을까 싶다. 아무래도 원인은 엄마에게 있지 않을까 싶었는데,

아들이 뜻밖의 말을 했다.

"사실은 고등학교 1학년 때 나쁜 친구들이 윽박지르고 힘들게 해서 학교 다니는 것이 너무나 고통스러웠어요."

'친구들의 괴롭힘 때문에 엄마와 말을 안 하게 되었다고? 오히려 더 말을 해야 하는 상황이 아닐까?'

이런 의문을 갖고 계속 프로그램을 보고 있는데, 아들의 놀라운 고백이 이어졌다.

"고등학교 3학년 때 입시를 마치고 집에 쉬고 있었는데, 빈둥댄다고 윽박지르며 저를 혼내시는 엄마의 모습에서 괴롭히던 친구들의 모습이 보였어요."

이유를 몰라 2년간 애만 태우던 엄마는 결국 울면서 좀더 세심하게 아들의 마음을 헤아려주지 못한 것을 사과했고, 아들 역시 엄마와 말하지 않았던 것을 미안해하며 프로그램은 해피엔딩으로 마무리되었다. 이때 진행자가 아들에게 물었다.

"왜 그런 얘기를 가족에게 하지 않았나요?"

울먹이던 이십대 아들의 대답에 방청객들은 동시에 탄식을 했다.

"가족 누구에게도 말할 용기가 없었어요."

내 마음을 누구에게도 말할 수 없는 '정서적 별거 상태'. 과연 이것이 겨우 몇 사람에게만 해당하는 특별한 이야기일까? 요즘은 부부는 물론 부모와 자녀, 또 가까운 형제끼리도 이런 별거 상태에 있는 경우가 참으로 많은 것 같다. 하숙집과도 같았던 몇 년 전 우리 집의 풍경과 너무도 닮은 모습의 가정이 많다는 것 또한 상담을 하며 절감한다.

한번은 60세가 넘은 부부가 35세, 38세인 두 딸을 데리고 상담을 하러 오셨다. 두 딸은 아직 미혼이었는데, 늦어지는 결혼보다 더 심각한 문제는 둘째딸이 밖에 나가지도 않고 아무런 의욕 없이 집안에 틀어박혀서만 지내며, 요즘은 특히 언니에게 돌발적으로 분노를 나타낸다는 것이었다. 상당히 지적으로 보이는 부모나 언니와는 달리 여동생은 눈빛에서마저 불안함이 엿보였다. 가족들의 기질검사 결과를 보니 부부의 기질은 극도로 달랐고, 큰딸은 부모님과 조금은 비슷한 결과를 보인 반면 작은딸의 기질은 세 명과 전혀 다르게 나타났다. 결과지를 앞에 두고 네 명과 함께 차근차근 서로의 기질에 대해 이야기하기 시작했는데, 가장 먼저 아내가 남편과 너무나 다른 기질 때문에 결혼 초부터 지금까지 서로 힘들게 살아왔다는 고백으로 입을 열었다.

"제 딸이 이렇게 되기까지는 저희들 잘못이 컸던 것 같습니다. 오늘 상담해보니 남편에 대해서도 무조건 제 기준만으로 판단했던 것 같아요."

머리가 허연 육십대 후반의 남편은 아내의 말을 듣더니 회한에 찬 눈빛으로 허공을 올려다보며 눈만 껌뻑거렸다. 남편은 흘리고 싶은 눈물도 하고 싶은 말도 모두 참는 성격이었지만, 반대 기질을 가진 아내는 상담 내내 30년이 넘은 결혼생활에서 겪었던 갈등들을 쏟아냈다. 이런 부모의 모습을 힘겹게 바라보던 큰딸이 입을 열었다.

"사이가 좋지 않으신 부모님 밑에서 자랐다는 것은 저나 동생이나 똑같지만, 그래도 저는 제 할 일은 하면서 살았는데 동생은 왜 저런지 도대체 이해할 수가 없어요."

주변 상황이 어떻든 그것에 크게 흔들리지 않는 기질을 가진 큰딸이었으니, 나약하게만 보이는 동생을 이해할 수 없는 것도 어찌 보면 당연한

일이었다. 그런 큰딸에게 '동생은 기질상 누구보다 관계를 중요시하며 감
성적인 성향이기에 그동안 힘든 부분이 많았을 것'이라고 대변하듯 설명
하자, 갑자기 작은딸이 굵은 눈물방울을 뚝뚝 흘리며 오열하듯 말했다.

"엄마와 아빠는 언제 이혼하실지 모르고, 언니는 똑똑하니까 상관없지
만 전 언제나 버림받을 것 같아서 두려웠어요."

동생의 말이 이해되지 않는다는 듯 언니가 물었다.

"버리기는 누가 너를 버린다고 그러니? 가족인데 어떻게 그런 생각을 할
수 있어?"

의아스러운 눈빛을 보이는 언니와 부모님을 향해 동생이 힘없이 말했다.

"엄마 아빠는 서로 싸우기만 하시고, 언니는 자기 공부만 하고……. 우리 집이 얼마나 외로운 집인 줄 아세요?"

이렇게 가족이 마음을 나누지 못하고 각자 자신의 공간에서 외로워할 수밖에 없는 '정신적 별거 상태'에 있는 가정의 경우, 대부분은 부부 사이가 원만하지 않다는 특성을 보인다. 가정의 중심에 해당하는 부모의 사이가 좋지 않으니 아이들은 자연히 부모의 눈치를 살피기에 급급해지고, 자신의 고민 또한 드러내지 못하게 되는 것이다.

이런 가족은 가족 구성원 모두가 서로의 기질을 살피며 이해하는 방법을 배우는 첫 상담시간을 상당히 힘들어하고, 무엇보다 서로의 눈을 바라보며 얘기하는 것을 어려워한다. 특히 아이들은 상담가인 우리와도 시선을 잘 마주치지 않고 바닥 또는 허공을 보며 얘기하는데, 그만큼 자존감이 낮아져 있는 상태라 할 수 있다.

또한 부모의 요구가 지나치게 버거울 때에도 아이들은 점차 자신감을 잃어가고, 마음의 문을 닫고 혼자 고민에 빠지는 경우가 많다. 학교에서 왕따를 당하면서도 부모에게 말하지 못하는 경우나 성적에 대한 고민이 있어도 부모가 야단을 칠까봐 아예 대화를 피해버리는 경우도 이에 속한다.

"저라고 이런 집에 들어오고 싶은 줄 아세요?"

예전에 가출했던 딸이 원망 섞인 눈으로 우리를 바라보며 했던 말이다.

'이런 집!'

'이런 집'은 아마도 하숙생 아닌 하숙생들이 각자 혼자 끙끙 앓으며 서로를 향한 마음의 문을 닫아버린 채 살아가는 공간일 것이다. 성적 때문에, 기질상의 문제 때문에, 때로는 부모의 비교로 인해 지금 이 순간에도 하숙집 같은 '이런 집'에서 아이와 부모가 아파하고 있을지도 모르겠다. 그러므로 아이들이 자신의 삶을 건강하게 가꿔 나가게 하려면 부부가 먼저 서로 사랑하는 모습을 보이는 것이 중요하다. 부모의 행복한 웃음은 아이로 하여금 세상을 도전해볼 만한 멋진 곳으로 인식하게 만드는 원동력임을 잊지 말자!

사장이
되고
싶어요

"이다음에 꼭 이루고자 하는 꿈이 있는 사람?"

질문을 하자마자 60명이 넘는 중학교 1학년 남자애들이 동시에 우르르 손을 들었다. 몇 명을 제외하고는 모두 비장한 자세로 "저요! 저요!" 하고 외쳤다. 이 아이 저 아이 발표를 시키다가 가장 앞자리의 한 아이에게 기회를 주었다. 그 아이를 지명하자, 아이들이 동시에 "우우~" 하며 비아냥 거렸다. 아이들을 나무란 뒤 조용히 물었다.

"그래, 네 꿈은 뭐니?"

아이는 비장한 표정으로 말했다.

"제 꿈은 사장이 되는 거예요."

온 교실에 폭소가 터졌다. 반에서 꼴찌이자 전교에서도 꼴찌인 아이가 사장이 되고 싶다 했으니 교실이 발칵 뒤집힌 것이 당연할 수도 있었다. 아이들의 흥분을 가라앉히고 다시 이유를 물었다.

"그렇구나. 정말 좋은 꿈을 가졌네. 그러면 왜 사장이 되고 싶은지 말해

줄 수 있니?"

질문을 받은 아이는 진지한 목소리로 대답했다.

"우리 엄마 아빠가 지하 창고에서 하루종일 힘들게 일하시는데, 저는 이다음에 사장님이 되어서 우리 엄마 아빠가 일하시는 곳을 좋게 만들어 드리고 싶어요."

1980년대 중반, 중학교로 발령받아 1학년 담임을 맡았을 때의 일이다. 그 당시 한 반의 학생 수는 60명을 넘었고 아이들의 발육 상태도 지금보다는 느렸다. 우리 반의 꼴찌이면서 전교 꼴찌였던 그 아이는 키도 작고 항상 코를 흘리고 다녀 '찌질이'라는 놀림을 받았다. 학업을 따라가지 못하는 아이들을 위해 방과 후에는 특수반을 만들어 가르쳤는데, 신기하게도 특수반에 오면 녀석은 대장이 된 듯 활개를 치고 의젓해지면서 반장 노릇을 톡톡히 했다.

세월이 흘러 그 아이도 잊힐 무렵, 하루는 한 청년이 양복을 입고 교무실로 나를 찾아왔다.

"선생님, 저 모르시겠어요?"

의젓하게 말하는 모습을 멍하니 쳐다보니 청년이 환하게 웃으며 말했다.

"선생님께서 처음 발령받아 오셨을 때의 제자 '찌질이'입니다."

"……."

입만 멍하니 벌린 채 무어라 말도 못하는 내게 청년은 자신의 명함을 내밀었다.

'○○제약회사 영업사원!'

사장을 외치던 아이가 제약회사 판매사원이 되어 양복을 입고 나타난 것이었다. 반가운 마음에 담소를 나누는데 아무리 봐도 예전의 코흘리개 소년이 아니었다. '어떻게 이렇게 의젓해진 걸까? 자기 이름이 찍힌 명함을 내게 주다니……' 예상치 못했던 제자의 등장에 코끝이 찡해졌다.

세월이 한참 흐르면서 학교의 교육 환경도 많이 좋아졌다. 한 반의 아이들 수는 30여 명 수준으로 줄었고, 교실에는 컴퓨터와 대형 TV가 갖추어지는 등 환경 자체는 선진국형으로 발전했다. 그런데 이상하게도 아이들은 더이상 자신의 꿈을 이야기하려 하지 않았다.

"애들아, 너희들이 가장 원하는 꿈을 얘기해볼래?"

누가 먼저랄 것도 없이 여기저기에서 웅성웅성 소리가 들린다.

"에이, 선생님. 우리가 꿈을 꾼다고 그대로 되기나 하나요?"

"우리 꿈이 어디 있어요? 다 우리 엄마 꿈이지요."

"공부할 시간도 없는데 꿈에 대해 생각할 시간이 있나요?"

이렇게 꿈에 대해서라면 열의도 없고 이야기할 것이 없는 아이들인데도, 선생님이 시키면 열심히 해오는 것이 딱 하나 있었다. 바로 수행평가였다.

'10년, 20년, 30년, 40년……. 이렇게 10년 단위로 자신의 꿈을 생각해보고 글과 그림으로 표현해보세요.'

참으로 신기했다. 점수에 반영시킨다고 하면 귀신같이 멋진 작품들이 나왔다. 아이들이 말한 꿈들은 한결같이 멋지고 이상적이며, 남을 돕는 봉사정신도 뛰어나 내용 면에서 너무나도 훌륭했다.

아이들이 제출한 자료들을 들고 점수를 매기는데 가슴이 먹먹해지면서 속이 상해 왔다. 마치 아이들이 '선생님, 저한테 조금만 더 높은 점수를 주세요. 1점만 더 주세요'라고 외치는 듯해서였다.

시험을 치르고 나면 공부 잘하는 아이들은 1점이라는 점수 때문에 눈에서 레이저 불꽃이 나오기 시작한다. 시험을 마치고 한 아이가 '아무리 생각해도 틀린 문제의 답이 이해되지 않는다'며 역사 선생님에게 따지기 시작했다. 선생님은 조목조목 이유를 들며 아이에게 설명해주었다.

"이 문제는 5지선다형이고, 문제에 '가장'이라는 단서가 있으니까 다섯 개 중 하나만 정답이 될 수 있는 거란다. 이해됐지?"

그러자 도저히 납득이 안 된다던 아이는 닭똥 같은 눈물을 흘리며 말했다.

"선생님, 둘 다 맞는 걸로 해주세요. 이 문제 틀리면 전교 석차가 내려가요."

특목고를 목표로 하는 아이에게 1점은 절대 포기할 수 없는 대상처럼 보였다. 그러나 자신의 목표를 위해 이런저런 이유를 대면서까지 1점을 얻고자 절규하는 아이가 과연 그 아이 하나뿐일까?

예전에는 꼴찌에게도 꿈이 있었지만, 어느 날부터 아이들은 꿈을 꾸라고 하면 부담스러워했다. 저마다 자신의 꿈을 찾아야 하는 이유를 설명하고, 남과 비교하지 않고 자기가 행복해하고 잘하는 것을 찾아야 한다고 말해도 아이들의 눈빛은 요동치지 않았다. 그리고 모두의 꿈이 점점 같은 색으로 변하기 시작했다.

그 많던 꿈들은 다 어디로 간 걸까요? 꿈을 잃어버린 세대. 각자의 기질을 품고 태어난 우리 아이들이 '스펙' 쌓기에 열중하며 공부하기를 강요받는 시대. 100명의 아이들에겐 100개의 꿈이 있어야 할 겁니다.

"제 꿈은 공무원이 되어 안정적으로 사는 것입니다."

"저는 의사가 되어 아픈 사람을 돕고 싶습니다."

"저는 교사가 되어 아이들을 가르치고 싶습니다."

대다수 아이들이 말하는 꿈의 가장 큰 이유는 '안정성과 높은 보수'였다. 어린 나이 치고는 현실 감각을 갖췄다고 할 수도 있다. 그러나 조금만 생각해보면 우린 알 수 있다. 그 꿈이 결코 아이들 스스로 고민해서 찾은 것이거나 자신의 가슴을 뛰게 하는 것이 아님을……

내 자식만은 실패하지 않기를 바라는 부모의 마음, 내 자식만은 고생하지 않았으면 하는 부모의 생각을 대변하는 아이들. 그 아이들에겐 내일의 꿈보다 오늘의 1점이 더 목숨처럼 소중할 수밖에 없을 것이다. 오늘날 수없이 쏟아지는 청년실업 문제 역시 단순히 대학 졸업자 수가 너무 많다거나 경기침체로 발생한 것만은 아닐 수 있다. 어쩌면 아이들에게 어릴 적부터 한 번도 자신의 꿈을 제대로 꾸어볼 기회조차 주지 않고, 부모가 원하고 사회가 인정해줄 것 같은 허상을 꿈이라고 믿게 만든 우리 어른들의 욕심 때문인 것은 아닐까.

이런 부분을 정확히 꼬집은 기사를 언젠가 신문에서 본 적이 있다. '트위터 대통령'이란 별명을 가진 이외수 작가와의 대담 기사였다. 그는 요즘 젊은이들의 고민은 한 가지라고 말했다. '취미도, 특기도, 소질도, 의욕도 없습니다. 전 뭘 해야 하죠?'가 바로 그것이란다. 그는 "요즘 아이들은 극도로 불안정하고, 의기소침해 있으며, 갈피도 못 잡는 데다 다 삭은 노인이 되어버렸다"라고 탄식했다.

꼴찌도 꿈을 꿀 수 있으면 좋겠다. 아니, 꼴찌도 꿈을 꾸어야 정상이다.

아직 사장이 된 것은 아니지만, 부모님이 더 좋은 환경에서 일할 수 있게 해드리고 싶다는 꿈은 '찌질이'로 하여금 더욱 노력하게 하는 원동력이 되었을 것이다. 너무나도 큰 가능성을 가진 아이들이 점수 1점 때문에, 대학 이름 하나 때문에 자신을 패배자로 낙인찍어버리는 오류를 범하지 않도록 돕는 것은 우리 어른들의 몫이다. 이외수 작가의 한마디가 아직도 생생하다.

"이십대에 성공하는 것은 정상이 아닙니다."

이십대에 성공하는 것이 정상이 아니라면 십대 청소년, 이십대 청년들 대다수에게 필요한 것은 무엇일까? 힘들어도 도전하고, 도전하다 실패하고, 실패해도 포기하지 않고 스스로를 연마할 수 있는 넓은 운동장이 아닐까? 그 운동장에서 지치지 않고 끝까지 뛰게 하는 힘은 바로 자신의 가슴을 뛰게 하는 자신만의 '꿈'일 것이다.

2장

길 위에서
길을 묻다

지금처럼
살면
행복할까?

"저희 세 명은 모두, 100퍼센트 반대입니다."

세 아이는 도저히 우리를 이해할 수 없다는 듯 강경한 어조로 항의했다.

"엄마 아빠가 그동안 너희들에게 제대로 부모 역할을 하지 못한 것 같구나. 너희들을 학교 성적만으로 볶아댔으니 힘들었을 거야."

이런 우리의 간절한 마음을 아는지 모르는지, 아이들은 여전히 우리의 눈을 피하며 십대 특유의 볼멘소리로 퉁명스럽게 말을 이어갔다. 특히 첫째는 뭔가 새로운 덫에 걸려드는 것은 아닐지 경계하는 듯한 눈빛으로 말했다.

"아니에요. 다른 집에 비하면 엄마 아빠는 그래도 저희를 많이 힘들게 하지 않으셨어요. 그러니 저희가 그냥 학교에 다닐 수 있게 해주세요."

빠져나갈 마지막 구멍을 만들어보려는 첫째의 항변에 잔소리를 보태려는 순간, 솔직한 성격인 막내의 한마디가 할 말을 잃게 만들었다.

"솔직히 지금도 엄마 아빠랑 같이 있는 게 힘든데, 24시간을 꼼짝없이 붙어 있어야 한다니요? 정말 싫습니다."

명퇴를 결심한 우리 부부가 아이들에게 '학교를 그만두고 세계여행을 가자'고 했을 때 아이들이 보였던 첫 반응이다. 의식하지 못하는 사이에 갈등 속에서 4년의 세월이 흘렀고, 그제야 우리 가정은 예전에 생각하지 못한 엉뚱한 모습으로 변해버린 것을 알게 되었다.

우리 부부는 교육 문제로 사사건건 언쟁을 벌였고, 아이들은 어릴 적의 밝은 모습을 잃고 부모를 멀리한 지 오래되었다. 3년을 다투다가 멀리 떨어진 대안학교로 보낸 딸은 한 달에 한 번 집에 와도 거의 남의 식구처럼 느껴질 정도였다. '어디 한번 걸리기만 해보라'는 식의 눈빛으로 우리를 바라보는 두 아들에게서도 내 아이라는 느낌은 찾을 수 없었다. 가족이지만 서로 웃음을 교환하는 것이 아니라 애써 눈길을 피할 수밖에 없는 현실. 이런 가정의 모습을 보며 문득 의문이 들었다.

'지금처럼 살면 1년 뒤에는 우리 가족이 행복할까? 5년 뒤에는 우리 아이들이 행복하다고 말할 수 있을까? 10년 뒤에는 정말 행복할까?'

속으로 질문해보았지만 답은 모두 '노(No)!'였다. 그 순간 내 아이를 세상의 성공 기준에만 맞추기 위해 발버둥치고 있는 어리석은 부모의 모습이 보였다. 부모의 사랑이라고 했지만 그 사랑은 외려 가정과 가족을 무너뜨리고 있었다. 정신을 차리고 고민해보니, 제대로 된 가족의 모습을 되찾는 일이 더 중요하다는 생각이 들어 우리 부부는 서로 마음을 열기 시작했다.

"여보, 우리 아이들을 최고로 교육시키는 것보다 아이들이 행복한 가정에서 자라게 하는 것이 먼저인 것 같아요."

"나도 그렇게 생각해. 아이들도 아이들이지만 당신과 내가 예전처럼 다시 서로 사랑하는 것이 더 중요하다는 것을 알았어."

많은 분들이 "왜 하필이면 세계여행이었습니까?"라는 질문을 하신다. 이유는 딱 한 가지, 이미 사춘기의 나이에 접어든 세 아이와의 관계 회복이 생각보다 쉽지 않았기 때문이었다. 부모의 마음이 바뀌었는데도 아이들은 여전히 부모에게 다가오기를 거부했다. 이미 부모에게 수없이 당했던 아이들이었기에 이번에도 우리를 믿지 못하겠다는 표정을 지었다.

우리는 좋은 뜻으로 "아들아~!" 하고 부르는데, 아들은 미리 방어막을 치고 "왜요?"라며 날카롭게 반응했다. 가만히 살펴보니 반항하는 것이 아니라 부모와의 대화를 심적으로 힘들어하고 있었다. 우리 역시 인내한다고 했지만 아이들의 행동이 조금만 못마땅해도 여전히 잔소리가 먼저 튀어나와버렸다. 서로 소통할 수 없다는 것이 얼마나 가슴 아픈 일인지를 뼈저리게 느끼며, 뭔가 돌파구를 찾는 심정으로 붙잡았던 것이 여행이었다.

"아이들과 제대로 소통하기 위해서는 여행이 좋을 것 같아요. 아이들과 24시간, 365일을 부대끼다 보면 다시 대화가 통하지 않을까요?"

이런 바람을 가슴에 품고 6개월의 설득 기간을 거친 끝에 마침내 아이들의 동의를 얻을 수 있었다. 처음에 모두 반대하던 아이들이었지만 엄마 아빠의 관계가 회복되는 모습에 안정감을 찾아가는 것 같았다. 그리고 우리 부부가 같은 목소리를 내자 부모의 눈치를 살피기보다는 조금 더 진지하게 귀를 기울여주었다. 가족회의를 하면서 우리 역시 무조건 부모의 말이니 따르라고 강요하기보다는 기다려주고 아이들의 의견을 듣기 위해 애썼다. 그렇게 6개월이 지나자 아이들이 한 명씩 동의하기 시작했다.

"세상에, 제 친구한테 우리 가족이 세계일주를 떠난다고 말했는데 저더러 '뻥 친다'며 놀리기만 했어요."

친구들이 자신의 말을 안 믿어주는 것이 억울하다는 듯 둘째가 하소연을 하자, 그 뒤를 이어 막내가 결단하듯이 말했다.

"사실 저도 엄마 아빠께서 다른 사람들에게 물어보라고 하셔서 그렇게 했는데, 엄청난 돈이 필요한 세계일주를 할 기회가 있다면 당연히 가야 하는 것 아니냐고 하더라고요."

가장 반대하던 첫째는 역시 큰아이인 만큼 고민도 남달랐다.

"무엇보다 엄마 아빠께서 많이 변하신 것 같고, 저희를 위해 새롭게 고민하시는 것 같은 마음이 제게도 조금은 느껴졌어요."

우리만 고민하고 있는 줄 알았는데, 이 녀석들도 각자 자기 나름의 고민을 해왔던 것이다. 이런 과정과 시간을 거쳐 우리 가족은 드디어 여행을 떠나기로 결심하기에 이르렀다.

우리가 545일 동안이나 세계일주를 했다고 하면 "물려받은 재산이 많으신가 봐요?" "모아두신 돈이 많았나요?"라는 질문을 자주 받곤 한다. 물론 부부 교사이긴 했지만 솔직히 세계일주 자금까지 모을 여력은 없었고, 450만 원짜리 단칸 전세방에서 둘만의 힘으로 결혼생활을 시작해서 세 아이를 키우며 집 한 칸 마련한 것이 전부였다. 결국 여행경비를 위해 둘 다 퇴직금을 일시불로 받아 사용하기로 했다. 다소 극단적인 조치이긴 했지만, 그만큼 몇 년간 살얼음판을 걷는 듯 살아왔던 우리는 마치 절벽 끝에 다다른 것과도 같았던 위기상황을 극복할 수 있는 돌파구가 절실히 필요했던 것이다.

부모 역할을 제대로 하지 못했던 우리 부부 때문에 힘들었을 아이들에게 넓은 세상을 보여줌으로써, 아이들 스스로 자신의 인생에 대해 고민하

게 해주고 싶었다. 우리 부부 역시 새로운 교육에 대한 마음을 품고 넓은 세상을 보고 난 뒤, 제2의 인생을 구상해보기로 마음먹었다.

이런 결정에 대해 가장 많이 들었던 말은 "미쳤니?"였다. 배수진을 쳐야만 했던 절박한 상황이었으니 어쩌면 '미쳤다'라는 말이 가장 적절한 표현이라고 할 수도 있었다. 그렇게 우리 가족은 20킬로그램이 넘는 배낭을 등에 메고 한 번도 가보지 않은 길을 향해 여행을 떠났다. 사실 여행이라기보다는 지독히도 말 안 통하던 가족이 조금이라도 통하는 가족으로 변신하기 위해 시작한 '소통(疏通)과 회복(回復) 프로젝트'였다고도 할 수 있을 것이다.

우리의 바람처럼 여행 내내 정말 서로 대화가 잘 통했다면 얼마나 좋았을까? 그러나 그것이 환상이었다는 것을 깨닫기까지는 그리 오랜 시간이 걸리지 않았다. 아니, 여행을 시작하면서 '대화'를 많이 하긴 했다. 서로 의견을 나누는 대화가 아니라, '대놓고 화내는' 대화를……

가이드가 모든 것을 안내하고 편안한 잠자리를 제공하는 패키지여행과 달리 배낭여행에서는 피곤함과 배고픔 등을 여행자 스스로가 알아서 해결해야 한다. 그만큼 함께 결정해야 할 일이 많아지니, 이야기를 하다가도 대놓고 화내는 일이 잦아졌다. 먼 거리를 이동하다보면 모두가 같은 시간에 배고파지고, 같은 시간에 꼼짝할 힘이 없을 정도로 피곤해지는 경우가 많았다. 그럴 때면 양보하려는 마음보다는 다른 가족이 나를 배려해주기를 바라는 마음이 더 커져 서로 충돌하기 일쑤였다.

"왜 저만 이렇게 무거운 배낭을 메고 가야 하는 거죠?"

"아빠는 꼭 저한테만 심부름 시키시고……."

"나도 힘들다고! 이번에는 네가 밥 좀 하면 안 되냐?"

신기했던 것은 오히려 가족이라서 더 양보가 안 되고 이기적으로 변하게 된다는 사실이었다. 한국에서였다면 서로 감정이 상해도 다음날 각자 학교로 가버리면 그만이었기에 굳이 화해를 하지 않아도 별 문제가 없었지만, 이건 배낭여행중이니 아무리 기분이 나쁜 상태에 있어도 다음 일정대로 움직이기 위해서는 서로 의논을 하지 않을 수 없었다. 누가 가족 세계일주라서 멋지다고 했던가? 해보면 알 것이다. 가족이라 더 힘들고 더 원망스러운 일이 많을 수밖에 없다는 것을.

그러나 배수진의 매력이 이런 것일까? 물러설 곳이 없으니 서로 같이 살 수 있는 방법을 모색해야만 하는 상황. 우리는 더이상 회피하지 않고 깨져버린 우리의 마음과 정면으로 맞서보기로 했다. 길 위에서 새로운 길을 묻기 위해, 또 잃어버린 가족의 행복을 찾기 위해, 우리는 어떤 가족이고 우리 각자의 인생은 어떻게 만들어가야 하는지를 발견하기 위해.

서른다섯 살의 뒤늦은 사춘기

"진작에 제가 좋아하고 하고 싶은 것을 찾을 수 있었다면 지금 이렇게 방황하고 있지는 않을 것 같아요."

참으로 영민해 보이는 한 청년이 힘없이 고개를 떨군 채 말을 이었다.

"특목고와 서울대를 졸업한 뒤 대기업에 입사해서 한동안은 실패라는 것을 몰랐습니다. 그런데 그게 전부가 아니라는 것을 서른다섯 살이 되어서야 깨달았네요."

아르헨티나에서 잠시 쉬며 남미여행 계획을 세울 때 게스트하우스에서 만났던 한국 청년의 고백이었다. 다른 청년들도 동병상련의 마음으로 저마다 위로를 하는데, 그 청년이 다음에 덧붙인 한마디에 모두 멍하니 그를 바라볼 수밖에 없었다.

"나이 서른다섯이 되어서야 처음으로 사춘기를 앓는 것 같아서 때로는 제 스스로가 우습기도 하고 서글프기도 합니다. 그런데 회사를 그만두었을 때 어머니께서 앓아누우신 것을 생각하면 지금도 마음이 힘드네요."

여행하는 동안 우리는 꽤 많은 한국인을 만났는데 그중에는 삼십대 후반, 심지어는 40세가 넘는 사람들도 있었다. 상식적으로 35세, 40세면 사회의 건강한 일원 혹은 한 가정의 부모가 되어 있어야 할 나이인데 그들이 배낭을 메고 한국을 떠나 먼 타국 땅에서 때늦은 사춘기를 앓고 있는 이유는 무엇일까?

그들 대부분에게는 공통점이 있었다. 거의가 직장 생활을 경험했었고, 몸과 마음은 지친 상태였으며 자신의 앞날을 다시 고민한다는 것이었다. 그들은 한결같이 대학 또는 전에 근무했던 직장에서 힘든 시간을 보냈다고 말했다. 서울대를 나와 대기업을 다녔다는 그 청년은 어느 날 문득 '이건 내가 원하는 게 아닌데.'라는 회의가 들었단다. 청년을 바라보던 삼십대 초반의 아가씨가 말을 거들었다.

"맞아요. 중고등학교 때까지는 내가 뭘 잘할 수 있을지 생각해보지도 못하고, 성적에 맞춰서 대학만 가면 되는 줄 알았으니 적성을 알 리가 없지요."

뒤를 이어 또 한 청년이 자신의 경험을 털어놓았다.

"저도 직장에서 몇 개월 일하다보니 그제야 회의감이 들기 시작했어요."

"부모님은 내 자식이 대기업이나 좋은 직장에서 일하게 됐다고 좋아하시는데, 정작 본인은 매일 불행하다는 생각을 하게 되니 참 우습죠?"

초저녁부터 시작된 청년들의 한숨 섞인 고민은 새벽을 훌쩍 넘길 때까지 이어졌다. 남미의 밤하늘 아래서 이야기를 나누는 한국 청년들의 모습을 보고 있으려니 문득 나비 이야기가 떠올랐다.

'나비의 애벌레가 고치를 벗어나는 과정을 아는가? 단단한 고치 속에서 날갯짓을 하며 그 벽을 깨고 나오는 것은 결코 쉽지 않은 일이고, 참으로 바라보기에도 안쓰러운 몸부림이다. 나비가 좀더 편하게 빠르게 고치를 깨고 나올 수 있도록 살며시 가위로 구멍을 내주면 어떻게 될까? 그것은 나비를 도와주는 것이 아니라 나비를 죽이는 것과 마찬가지다. 나비가 날갯짓을 할 수 있는 힘은 고치를 벗어나기 위해 필사적으로 노력하는 가운데 길러지는 것이기 때문이다. 나비가 고치 안에서 나오려고 발버둥 치는 그때 날개에 단백질이 모이면서 날갯짓을 할 힘이 생기는 것이라고 한다. 즉, 누군가가 나비를 도와주기 위해 고치를 뚫어주면, 쉽게 고치를 빠져나온 나비는 날개에 힘이 없어 스스로 나는 것이 불가능해지고, 끝내는 죽어버리고 마는 것이다.'

요약하자면 1년이라는 짧은 생애의 나비도 스스로 몸부림쳐야 건강하고 제대로 된 생명을 얻을 수 있다는 것이다. 그러니 섣불리 나비를 돕는 것이 오히려 나비를 죽이는 것과 같음을 안다면 누구도 그렇게 쉽게 고치를 가위질하지는 않을 것이다.

자연의 법칙은 신이 만드신 것이지만 때로는 그 안에서 인생의 법칙도 발견할 수 있다. 긴 인생을 살아갈 우리 아이들을 나비라 여기고 바라보면 어떨까? 대부분의 부모들은 아이들이 스스로 인생을 개척하고, 자신이 하고 싶은 일을 하며 행복한 삶을 살기를 바란다. 그러나 이런 바람과 달리 또래의 아이가 앞서나가는 그때부터 내 아이를 경쟁의 도가니로 몰아넣는 부모가 많다.

"일단 대학부터 가고 난 뒤에 고민하자. 지금은 공부가 급해."

"엄마가 좋은 학원 다 알아놨으니 넌 공부만 열심히 하면 돼."

"멍하게 고민하는 시간에 책에 있는 글자 한 자라도 더 외워. 그게 훨씬 중요하단다."

생각하고 고민하는 시간조차 허용되지 않으며 오로지 좋은 대학을 위한 엄마표 스케줄에 맞춰 기계처럼 움직일 것을 강요받는 아이들. 어느새 이런 풍경이 일상이 되어버렸고, 교육과 관련된 정보력이 없으면 제 역할을 못하는 엄마로 여겨지는 사회. 사교육에 찌든 한 초등학생의 다음과 같은 말이 과연 그 엄마에게는 흐뭇하게 여겨질까?

"우리 엄마는 내가 태어나기도 전부터 내가 가야 될 학원과 배워야 할 모든 프로그램을 미리 짜놓고 나를 기다린 것 같아요. 마치 영원히 빠져나갈 수 없는 미궁 속 괴물처럼 말이에요."

부모는 아이가 마주하게 될 모든 어려움에 대비해 자신이 먼저 나서서 가위질을 해줌으로써 평탄한 길을 만들어주는 것이 사랑이라 생각하지만, 결과적으로는 아이에게 독약을 준 꼴이 되는 경우가 많음을 나비 이야기에서 알 수 있다. 상담실을 찾은 한 어머니의 절망스러운 목소리에서도 그런 상황이 느껴졌다.

"전 교육에 미친 엄마였어요. 아이가 이렇게 아파하는 줄도 모르고 그놈의 공부가 뭐라고……. 이제는 친구들과 어울리고 밖에 나가서 놀기만 해도 소원이 없겠어요."

이런 절규에도 아무런 느낌이 없는 듯 초점 없는 눈빛을 띠고 있는 은둔족 아이 앞에서 엄마는 하염없이 눈물만 흘렸다.

여행지에서 돌아온 뒤, 우리 집의 세 아이는 자녀독립 프로젝트로 여행 중 발견한 각자의 기질과 적성을 따라 자신에게 맞는 일을 먼저 해보기로 했다. 고민 많은 인생 선배들을 여행지에서 만나면서 아이들은 결코 대학만이 정답은 아님을 스스로 알게 된 것 같다. 다행인 것은 우리가 돌아온 지 2년도 되지 않았는데, 한국에서도 이와 관련하여 청년들이 새로운 움직임을 시작하고 있다는 것이다. 참으로 반가운 일이 아닐 수 없다.

"그동안 남들이 정한 기준에 맞춰 살아왔다면, 이제는 더 늦기 전에 진짜 내 인생을 꾸리고 싶어 새롭게 도전장을 던졌습니다."

2012년 9월에 개교한 국제한식조리학교에 35세의 나이로 한식 요리사가 되고 싶다며 도전장을 내민 한 청년의 말이다. 이 청년은 엄친아의 표본과도 같다. 과학고를 졸업하고 카이스트(KAIST)에서 학사와 석사 과정을 마친 뒤, 대기업의 프로그래머와 회계 법인의 컨설턴트로 일하는 동안 연봉도 남부럽지 않게 받았다. 하지만 늘 뭔가 빠진 듯 허전한 느낌이 들었다고 한다.

"틀에 박힌 직장에서는 제 개성을 자유롭게 발휘할 기회가 거의 없었습니다. 한식을 통해 제 상상력과 창의력을 구현해보고 싶습니다."

부모가 들으면 미친 짓이 따로 없을 것이라 할 것이다. 부모의 눈에는 청년들의 이런 행동이 왜 미친 짓으로 느껴질까? 부모 세대에게 있어서의 교육은 신분 상승 및 안락한 생활을 가능케 하는 결정적 요인이었다. 그러나 먹고사는 것과 관련하여 큰 걱정 없이 자란 우리 자녀들이 자유와 개성 발휘, 자아실현을 생계보다 더욱 중요한 사안으로 느끼는 것은 어쩌면 당연한 일일지도 모른다.

지금도 아이들은 밤늦게까지 학원가에서 투쟁하듯 시간을 보내고 있다. 엄마들은 학원 스케줄 따라 다음 코스로 가는 차 안에서 아이에게 김밥을 먹이고 영어단어 CD를 틀어주는 등 아이를 위해 나름 혼신의 힘을 기울인다. 그러나 바쁘게 스케줄만 따라가는 움직임에서 잠시 물러나 먼저 아이에게 질문해봤으면 한다.

우리 아이가 원하는 게 뭔지 알고 계신가요? 공부하라며 다그치는 대신 아이들이 어떤 일에 가슴 설레어하는지 물어주세요. 찬찬히 자녀를 관찰한다면 우리 아이가 무얼 좋아하고 잘하는지 알 수 있을 거예요.

"네가 가장 하고 싶은 일은 뭐니? 어떤 것을 생각하면 가슴이 뛰니?"

한 번 묻는다고 곧바로 답이 나오기란 어렵겠지만, 질문에 대한 답을 찾는 시간이 아이가 스스로 고치를 깨고 나와 힘차게 날갯짓을 할 수 있는 원동력이 될 테니 말이다.

35세 청년들의 고민 역시 영영 날지 못하는 날갯짓에 그치지 않았으면 좋겠다. 젊은이들에게 『아프니까 청춘이다』로 울림을 준 김난도 교수도 말하지 않았던가? 일생을 80으로 친다면 25세는 아침 7시 30분에 해당된다고……. 우린 좀더 현실적으로 다시 계산해보자. 기대수명이 길어졌으니 인생을 100년으로 잡는다면 25세는 이제 아침 6시경밖에 되지 않은 때다. 청년들은 길 위에서 물어보고 또 물어봐도 충분히 늦지 않은 나이를 가졌다. 답을 얻을 때까지 묻고 또 묻자. 그리고 그렇게 찾아낸 답을 향해 힘차게 날아보자.

대왕마마의
몰락

"너희들은 아빠가 말한 대로 잘 챙겨라. 제발 철저히 좀 챙겨! 알았지?"

여행을 시작하면서 '왕꼼꼼이'인 아빠의 구령은 어떤 독재자의 목소리보다 강력했다. 아이들은 수동적으로 아빠의 눈치를 살폈고, 아빠는 자신의 철저한 계획대로 아이들을 호령하기 시작했다. 마치 대왕마마처럼 아빠라는 계급장은 강해 보였고, 굳건한 아성은 절대 무너지지 않을 것 같았다. 하지만 그것은 순전히 어른인 우리의 착각이었을 뿐, 본격적인 여행도 아닌 연습 여행에서부터 아빠라는 대왕마마의 위력은 빛을 잃기 시작했다.

"엄마 아빠는 여기 앉아서 배낭을 지키고 계세요. 저희가 숙소랑 필요한 정보를 알아보고 올게요."

배낭만 지키고 있으라는 아이들의 말에, 눈뜰 힘도 없는 대왕마마께서 기어들어가는 목소리로 말했다.

"알았어. 잘 부탁해……."

남편은 우리 집에서 '왕꼼꼼이'였다. 그래서인지 털털한 성격의 나머지 네 식구가 남편에게 걸리면 그야말로 끝장이었다. 도저히 빠져나갈 수 없는 허점을 공략하는 선천적인 꼼꼼이 아빠를 아이들은 '융통성 없고 화만 잘 내는 꼰대'라 생각했고, 매사에 자신들보다 철저하고 완벽하니 다가가기도 힘들어했다. 하지만 왕꼼꼼이 아빠는 도리어 본인이 더 힘들다며 하소연했다.

"왜 나만 왕따를 시키는지 모르겠다. 철저히 준비하는 게 뭐가 나쁘냐? 세계일주가 뒷산에 소풍 가는 거냐고? 제발 준비 좀 하자!"

이랬던 남편이 완전히 KO패를 선언한 일이 있었다. 본격적인 여행을 떠나기 전 우리 가족은 인도와 네팔로 연습 여행을 떠났다. 이 역시 매사에 꼼꼼히 대비하는 대왕마마의 제안이었다는 것은 두말하면 잔소리다. 하지만 준비부터 시작해서 모든 것을 진두지휘하던 대왕마마는 인도 땅을 밟은 지 일주일 만에 스스로 왕좌에서 물러났다.

인도 델리에서 밤새 달리는 기차를 타고 다음날 아침에 목적지에 내리는 순간, 우리 부부는 서 있을 힘도 없어 바닥에 주저앉았다. 그때 첫째가 했던 말은 지금 생각해도 때려주고 싶을 만큼 우리를 서글프게 만들었다.

"엄마, 아빠! 밤기차를 타고 오니까 정말 좋지요? 숙박비도 아끼고 시간도 절약해서 훨씬 더 많이 구경할 수 있으니 말이에요."

"……."

단 하룻밤만 제대로 못 자도 다음날 세상만사가 귀찮아지는 나이가 되어버린 자신을 한탄할 수밖에. 그 뒤 우리 부부는 아이들에게 싹싹 빌듯이 말했다.

"얘들아, 제발 밤버스나 밤기차는 타지 말고, 되도록 아침 일찍 출발해서 저녁에 도착하도록 하는 게 어떨까?"

하룻밤만 자고 나면 새로운 에너자이저가 되어 버리는 괴물 같은 아이들과, 하룻밤만 못 자도 걸을 힘조차 없는 연약한 부모의 체력은 처음부터 상대가 안 되는 게임이었다. 이것은 네팔의 히말라야 트래킹에서 더 확실해졌다. 4박 5일의 일정으로 안나푸르나 봉을 보기 위해 트래킹을 시작했을 때, 대왕마마가 외쳤다.

"나를 따르라!"

"오케이, 아빠!"

아이들도 100퍼센트 복종을 맹세했다. 22년을 체육 교사로 있었고 학창시절에는 암벽 등반, 산악 자전거, 스케이트 등 운동에 대해서는 둘째가라면 서러울 정도로 자타가 공인하는 강철 체력의 아빠였으니 말이다. 그렇게 아빠를 선두로 하여 온 가족이 힘차게 출발했지만, 하루를 꼬박 걸어도 안나푸르나 봉은 코빼기도 보이지 않았다. 오후 3시경이 되자 가이드가 "여기쯤에서 하루 쉬어야 합니다"라고 말했다.

"아니, 아직 3시밖에 안 됐는데 쉬어요? 두세 시간쯤 더 가서 쉽시다. 그래야 내일 새벽에 안나푸르나 봉을 제대로 볼 수 있지."

가이드를 제치고 앞서가는 왕체력의 대왕마마를 모두가 원망스럽게 바라보며 힘없이 뒤를 따랐다. 2시간 정도를 더 가니 저 멀리 산 위로 숙소들이 보였다. 숙소를 바라보며 잠시 쉬어가기로 했는데, 갑자기 대왕마마의 신음소리가 들렸다.

"에구구! 왜 이렇게 머리가 아픈 거야? 머리가 깨질 것 같아!"

모두 놀라서 바라보니 아빠는 바닥에 벌렁 드러누운 채 고통을 호소하고 있었고, 한참을 쉰 뒤에도 도저히 한 발짝도 못 걷겠다며 힘들어했다.

다른 모든 팀이 먼저 올라가고 우리는 늦게야 겨우 숙소에 도착했지만 대왕마마는 힘없이 누워서 아무것도 하질 못했다. 결국 아이들과 가이드만 다음날 새벽에 안나푸르나 봉을 보러 갔고, 우리는 숙소에서 하루를 버텨야 했다. 얼마나 지났을까? 막내가 후다닥 뛰어 들어오며 외쳤다.

"아빠! 일어나보세요! 제가 안나푸르나 봉을 보러 갔다가 의사선생님을 만나서 약을 구해왔어요!"

끙끙 앓고 있는 아빠와 그런 아빠를 위해 이역만리 네팔 땅에서 약을 구해온 아들! 누가 과연 "나를 따르라!"라고 외쳐야 할까? 누워 있던 골골이 대왕마마가 아들이 구해온 약을 먹으며 중얼거렸다.

"체력만은 자신 있다고 생각했는데……."

어디 체력만 그러한가? 적응력은 어떠할까? 인도의 카레를 먹기 위해 특유의 향내를 호기심으로 이겨내고, 손으로 밥을 먹는 인도 사람들을 재미있게 바라보는 것도 한두 번이었을 뿐, 일주일도 안 되어 우리 부부는 외쳤다.

"제발 한국 식당에 가면 안 되겠니? 아무리 비싸도 좋으니 김치 비슷한 거라도 먹으면 소원이 없겠다."

마치 약기운이 사라져 힘들어하는 사람처럼 간절히 외치는 우리를 향해 이번에는 둘째가 또 한 방을 날렸다.

"저희는 인도 카레가 정말 맛있는데, 괜히 비싼 한국 식당에 갈 필요가 있을까요?"

이런 걸 뭐라고 설명해야 할까? 어른들은 감내하기 힘든 인도의 먹을거리가 그저 호기심 가득한 맛있는 시식거리로 보이는지, 아이들은 짜이라는 인도 차, 사탕수수와 얼음을 넣은 음료 등 거리에서 보이는 것들은 모두 맛보려 했다. 평소 먹을거리 위생에 목숨을 거는 별난 엄마 때문에 제지를 당하기도 했지만, 아이들은 여행 내내 평생 인도식으로 살아도 문제가 없을 것처럼 보였다. 대체 아이들은 혓바닥 구조가 남다른 것일까? 아니면 부모와 종족이 다른 걸까?

문제가 발생했을 때도 상황은 이와 비슷했다. 배낭여행을 하다보면 남에게 물어볼 일도 많고 현지인들과 협상도 해야 하는데, 어른인 우리는 머릿속으로 아무리 영어 문장을 만들고 만들어도 정작 입이 잘 떨어지질 않았다. 그러니 매사 적당하다 싶으면 대충 넘어가려 했던 반면, 아이들은 끝까지 물고 늘어졌다.

"No! Expensive!(안 사요! 비쌉니다!)"

상점에 들어갔다가 상인에게 이렇게 외친 아이들이 우리에게 말했다.

"일단 가게에서 나가봐요. 그러면 저 사람들이 다시 제안해올 거예요."

"어~어~" 하며 민망하게 아이들을 따라 나오는데 아니나 다를까, 다시 오라며 인도 상인이 아이들을 잡아끌었다. 못 이기는 척 들어가던 아이들이 한참 후 또 외쳤다.

"No! Expensive!"

우리가 완벽한 문장만 고민하는 사이, 아이들은 문법과 발음을 무시하면서도 어느새 완벽한(?) 그들만의 의사소통법으로 협상을 이끌어냈다. 그리고 만족스러운 가격으로 물건을 산 뒤에는 마치 예전부터 잘 알고 지내던 친구처럼 상인들과 악수를 하고 웃으며 장난을 치는 것이었다. 어른인 우리는 도저히 흉내도 낼 수 없는, '세상에 이런 일이!'라고 할 만한 일이었다.

사실 부모들은 실제로 완벽하지 않으면서도 아이들 앞에서는 그런 척을 할 때가 많다.

"어떻게 이런 문제도 못 푼 거니?"

마치 자신은 학창시절에 그런 문제쯤은 눈 감고도 술술 풀었던 것처럼 말하는가 하면, 절대적인 심판관이 된 것처럼 아이들을 대할 때도 있다.

"넌 정신 좀 차려야 해. 제대로 할 때까지는 휴대폰 압수다."

누군가에게 주었던 물건을 도로 빼앗는 것은 참으로 실례되는 일인데도, 부모는 아이들한테만은 절대적 권력을 휘두른다. 마치 내가 모든 것을 쥐었다 폈다 할 수 있는 것처럼 말이다. 그러나 이 모든 것이 한국 안에서 돈을 대주며 학교 성적으로 판가름할 때만 통하는 법칙이라는 것을 깨닫는 순간, 우리 부부는 자문하지 않을 수 없었다.

'정말 내가 내 아이보다 우월한 존재일까?'

여행을 떠나기 전까지는 이런 질문을 하게 될 것이라고 상상조차 하지 못했다. 왜였을까? 우린 부모라는 대왕마마였으니까.

품 안의 자식,
품 밖의 자식

"에고, 무자식이 상팔자지."

할머니 한 분이 푸념 섞인 목소리로 말씀하신다. 옆의 할머니도 같은 마음이신가보다.

"맞아, 다 품 안에 있을 때만 자식이지. 키워놓으면 자기 혼자 저절로 큰 줄 안다니까."

공원 벤치에 어르신 몇 분이 앉아 이런저런 말씀을 나누시는 소리가 들렸다. 옆에서 잠시만 들어보아도, 자식에 대해 부모가 갖는 느낌들이 다 등장하는 듯했다.

'자식 이기는 부모 없다' '못난 자식이 효도한다' '한 부모는 열 자식 거느려도 열 자식은 한 부모 못 모신다' 등 주로 부정적인 말씀들이 많은 것을 보면, 나이가 들수록 자식에 대한 서운함도 많아지나보다. 자식들에 대한 섭섭함을 토로하는 할머니들의 말씀을 그대로 믿으면, 그분들의 자식들은 모두 불효자처럼 여겨졌다.

이렇게 모든 자식이 불효자가 되어버리는 이유는 무엇일까? 자식들이 부모의 마음을 몰라주기 때문일까? 아니면 영원히 내 품의 자식으로 있기를 바라는 부모의 지나친 욕심 때문일까? 그도 아니면 아직도 자식에 대한 염려를 내려놓지 못한 사랑 때문일까? 여행중의 수많은 경험을 통해 처절히 느낀 것이 바로 자식은 언젠가 '품 밖의 자식'이 된다는 것이었다.

페루의 쿠스코에 머물 때, 자전거로 세계일주중인 한 한국 청년과 만나 반가운 마음에 함께 저녁을 먹고 이런저런 얘기를 나눈 적이 있다. 7년 동안 자전거로 전 세계를 돌아볼 예정이라는 청년을 두 아들은 경외의 눈빛으로 바라보았다. 오랫동안 혼자 다닌 청년도 동행자를 만들고 싶었는지 두 아들에게 마추픽추 입구까지 자전거로 가자고 제안했다. 부모인 우리 입장에서는 걱정이 되는 상황인데도 두 녀석은 마냥 기대에 부푼 듯 말했다.

"저희 돈 좀 주실래요? 중고 자전거를 산 뒤 형하고 같이 가야겠어요."

불안한 마음으로 쳐다보았지만, 두 녀석은 싱글벙글 신이 났다. 무엇보다 고산증으로 힘들어하던 둘째가 걱정이었다.

"아무리 그래도 지금 두통에 설사까지 있는데 자전거로 갈 수 있겠니?"

그런 것쯤이야 아무런 문제가 되지 않는다는 듯, 둘째가 어느 때보다 의욕적으로 대답했다.

"에이, 아프리카에서는 차가 없어서 국경도 걸어서 넘었잖아요? 그까짓 설사가 무슨 문제가 되겠어요?"

여행지에서 가장 힘들 때가 몸이 아픈 경우인 것을 벌써 잊었단 말인가? 어떤 핑계거리를 찾아서든 아들의 발걸음을 잡아보려고 억지스럽게

또 이유를 대며 말렸다.

"아니, 이제 만난 지 며칠도 안 된 그 형을 무작정 따라간다는 것이 불안하지도 않니?"

막내가 별 걱정을 다 한다는 듯이 말했다.

"배낭여행을 하다보면 만났다 헤어지고 헤어졌다 만나는 것이 예사인데, 이 정도 여행했으면 저희를 믿고 보내주셔도 되지 않을까요?"

아무리 설득하려 해도 소용이 없어 결국 돈을 쥐어주니, 두 아들은 부리나케 시장으로 달려가 중고 자전거 두 대를 구입해 돌아왔다. 그리고 다음날 새벽, 녀석들은 미련 없이 우리 곁을 떠나며 외쳤다.

"엄마, 아빠! 4일 뒤에 마추픽추 입구에서 만나요. 저희들 걱정하지 마시고 조심해서 오세요."

누가 누굴 걱정하는 건지⋯⋯. 배낭여행 좀 했다고 자기들이 어른이라도 된 줄 아는 것일까? 걱정하지 말라는 녀석들의 말과는 달리, 우리는 다시 만나기로 한 나흘 동안 노심초사 염려를 놓지 못했다. 버스를 타고 가면서 보니 아찔하게 좁은 비포장도로가 안데스 산맥의 낭떠러지에 걸쳐 있었고, 구름이 걸쳐 있는 산 아래는 내려다보기만 해도 어지러웠다. 예전 같으면 그런 자연의 풍경을 보며 "아름답다!", "신기하다!" 등의 감탄사를 내뱉었을 텐데, 자전거를 타고 지나갈 아이들에 대한 걱정 때문에 험난한 길이 원망스럽기까지 했다.

하지만 나흘 뒤, 아이들은 우리의 걱정이 부질없었음을 절실히 깨닫게 했다. 다시 만나자마자 둘째는 떠날 때부터 우리가 엿보였던 우려를 잠재우려는 듯 흥분된 목소리로 이야기를 시작했다.

"저희는 정말 신나게 자전거 트래킹을 했어요. 평생 잊지 못할 추억이 생겼다니까요!"

무엇이 그렇게 좋은지 막내의 입에서도 끊임없이 4일간의 모험담이 흘러나왔다.

"엄마, 아빠, 한 가지 중요한 정보가 있어요. 각 지방에는 반드시 소방서나 경찰서가 있다는 거예요. 그곳에는 소방대원이나 경찰관이 자는 숙소가 있으니 여행경비를 아낄 수 있는 비결이 생긴 셈이라고요!"

무슨 뚱딴지같은 얘기인가 싶어 어리둥절해하는데, 막내가 비밀을 알려주듯 말했다.

"즉, 우리가 말만 잘하면 소방대원이나 경찰대원이 자는 숙소에서 공짜로 재워주기도 한다는 거예요. 저희도 소방서에서 하룻밤을 공짜로 잤다니까요."

아이들이 우쭐해진 이유는 그뿐만이 아니었다. 시골 장에서 서툰 스페인어로 값을 깎아가며 물건을 사다보니 이제는 스페인어도 잘할 수 있게 되었다는 것이었다. 녀석들은 우리가 알아들을 수 없는 말을 자기들끼리 주고받으며 으스댔다. 또 하루 저녁에는 시골집에 부탁하여 마당에 텐트를 치고 잤을 뿐 아니라 다음날 아침밥까지 얻어먹었다면서 그 집 사람들과 함께 찍은 사진도 보여주었다. 이래저래 놀란 눈빛으로 쳐다보는 우리를 의식한 듯, 막내가 철학자 같은 발언을 했다.

"저흰 단순히 관광을 한 것이 아니라 진짜 페루를 만난 것 같아요."

진정한 체험에서만 나올 수 있는 고백이었다. 이런 아이들인데 왜 우리는 부질없이 '염려'라는 놈을 붙들고 있었을까?

여행하는 내내 이런 일들은 수없이 많았다. 아프리카의 111M 빅토리아 다리 위에서 아래를 내려다보기만 해도 다리에서 힘이 빠져나갔던 우리 부부에 반해, 아이들은 마치 하늘을 날기 위해 태어난 것처럼 거리낌없이 줄 하나에 몸을 맡기고 번지점프대에서 뛰어내렸다. 여행지에서 한국 사람을 만나면 원래부터 통했던 사이처럼 대화하고 함께 고민하며, 저녁에는 한데 모여서 나갔다 오기도 했다. 부모는 여전히 걱정이라는 놈을 떼어 놓지 못해 간섭하고 훈계하고 행동을 통제하려 하는데도, 아이들은 끊임없이 부모의 품을 벗어나려 한다는 것을 서서히 알게 되었다.

한국에 돌아온 이후 청소년들과 상담하는 중에도 이런 사례는 쉽게 접할 수 있었다.

"저는 학교를 다녀야 할 이유가 하나도 없어요. 온종일 엎드려 잠만 잔다고요."

고등학교 1학년 아들의 하소연을 들은 엄마가 눈물을 글썽이며 말했다.

"아무리 그래도 졸업은 해야지. 한국에서 고등학교도 안 나오면 어떻게 해?"

아이는 학교를 다니면 미칠 것 같다고 말하는데, 부모님은 졸업장만은 포기할 수 없다는 입장이셨다. 아들이 간절한 어투로 말했다.

"제발 저를 믿어주세요. 학교 다니는 것이 제 인생에서 1~2년 늦어져도 저는 괜찮다고 생각해요."

아이는 한국식의 공부 방법도 싫지만, 딱히 공부할 이유를 찾지 못하겠다는 것이 공부하기 싫은 더 큰 이유라 했다. 본인은 정말 춤을 추고 싶다며 부모 몰래 학원도 다니고 있었고, 부모가 1년 정도만 자신에게 기회를 주었으면 한다고 말했다. 적성 및 흥미검사에서도 그 아이는 예술성이 높다는 결과가 나왔다. 기질검사부터 시작되는 모든 과정의 상담을 마친 뒤, 부모님은 마침내 결단을 내리셨다. 아버지께서 힘들게 입을 여셨다.

"철부지 아들의 말을 들어줘야 한다는 것이 불안합니다. 하지만 1년 뒤에 다시 의논하기로 했으니 그때까지는 참아보겠습니다."

눈물을 흘리며 옆에서 듣고 있던 어머니께서 떨리는 목소리로 속내를 털어놓으셨다.

"솔직히 다른 집 아이들이 등교하는 시간에 저희 아이만 학교를 안 가는 모습을 볼 자신이 없네요. 어느 집 애들이나 이런 고민은 한 번쯤 하잖아요? 지금이라도 참고 학교에 다녔으면 좋겠어요."

눈물을 흘리시는 어머니의 심정이 충분히 이해가 되었다. 멀쩡하게 다니던 직장이나 대학을 그만둔다거나, 하라는 공부는 안 하고 춤을 춘다거나, 때로는 가출이라는 극단의 행동을 취하는 것이 부모에게는 문제 상황으로 보이는 것이 당연하다. 아이들의 도전이 부모에게는 무모한 모험으로 여겨지고, 그렇기에 부모는 그것으로부터 아이들을 보호해야 한다고 느낄 수밖에 없기 때문이다.

그러나 뇌 구조학적으로도 십대부터 이십대 초반까지는 도전하고자 하는 욕구가 강하다고 한다. 성인이 되기 위해 몸이 자라나듯 뇌도 이십대 초반까지는 성장하는 단계에 있기 때문이다. 특히 이성적 판단에 관여하는 전두엽은 청소년 시기에도 계속 성장하기 때문에, 이미 성장이 끝난 어른에 비해 청소년들의 판단력은 다소 낮을 수밖에 없다. 때문에 부모의 눈에는 자녀가 생각 없이 행동하고, 이해할 수 없는 행동을 하는 것으로 보이는 것이다.

그렇다면 아이들의 도전적인 행동을 무모하다고 평가할 것이 아니라 자신의 꿈을 찾아가는 건강한 몸부림이며 성장을 위한 움직임이라고 해석하는 것이 맞지 않을까? 어린 새가 언젠가는 정든 둥지를 떠나 더 넓은 세상을 향해 나아갈 날갯짓을 연습하듯, 품 안의 자식들도 청소년 시기가 되면 얼마 후 부모를 떠날 준비를 시작하게 하는 것이 자연스러운 일이라 하겠다. 그런 의미에서 도전의 날갯짓은 시간을 낭비하는 헛된 모험이 아니라, 미래의 꿈을 향한 여행의 출발점과도 같을 것이다.

누구에게나 십대는 자기 인생 전체의 항로가 결정되는 시기라고 한다. 이런 십대들에게 우리는 도움을 줄 수 있는 롤 모델을 소개해주고 싶어 한다. 롤 모델들의 꿈과 도전, 열정을 통해 내 아이도 그런 삶을 살기를 원하기 때문이다. 『10대를 위한 가슴이 시키는 일』이라는 책에는 이런 글귀가 있다.

'자기에게 맞는 분야를 찾기 위해 쓰이는 시간은 낭비가 아니라 가장 값진 투자입니다. 자신이 어떤 사람인지, 어떤 일에서 보람과 흥미를 느낄 수 있는지를 알아나가는 기회를 주는 것이 자신에게 줄 수 있는 선물입니다.'

시간이 흘러 백발이 성성할지라도 "에고, 자식도 품 안에 있을 때만 내 자식이지"라고 한탄하는 대신, "내 자식이 내 품 안에만 있으려 하지 않고, 품 밖의 자식으로 건강하게 잘 살고 있으니 얼마나 다행한 일인가?"라고 말하는 부모님들이 많아지기를 바란다. 그렇게 말할 수 있는 부모가 되기 위한 시작점은 어디일까? 아마도 내 품에 있는 자식을 건강하게 떠나보내는 용기를 키우는 것이지 싶다.

이제야
엄마 마음을
알 것 같아요

한 청년이 있다. 그는 직장을 구하려고 했지만 30살이 넘도록 취직한 적이 없었고, 내내 부모에게 경제적으로 의존하며 살았다. 아들의 의존도와 자신들의 과잉보호에 심각한 문제가 있음을 느낀 부모는 아들에게 3개월 안에 취직을 하라고 했다. 두 달 반이 지나도록 구직 시도조차 하지 않던 아들은 부모가 공연한 엄포를 놓은 것이 아님을 알게 되어 처음으로 일자리를 찾아 나섰지만, 끝내 직장을 찾지 못했다.

구직이 실패로 끝나자 항상 구원자로 나서주었던 아버지는 자신의 친구 회사에 부탁하여 아들에게 덤프트럭 운전사 자리를 마련해주었다. 보수도 상당히 좋았다. 그런데 근무 첫날 청년은 트럭을 후진시키다가 벽을 들이받는 바람에 회사에 큰 손해를 입히고 말았다. 감독관이 청년을 나무라며 어떻게 이런 무모한 일을 저질렀느냐고 다그쳤다. 그러자 청년은 이해가 안 된다는 듯이 "글쎄요. 아무도 그렇게 하지 말라고 말해준 사람이 없었는데요"라고 대꾸했다.

우리 센터에서 8주 과정의 부모 코칭 강좌시 교재로 사용하는『적극적인 부모 역할』에 나오는 한 대목이다. 자신의 인생을 스스로 책임지는 아이로 자식을 키우는 것은 모든 부모의 소망일 것이다. 그럼에도 어릴 적부터 책임감 있는 아이로 성장하도록 양육하는 부분에 대해서는 소홀한 경우가 많다. 아니, 소홀하다기보다는 어떻게 해야 하는지를 모른다는 편이 맞을 것이다. 아이가 어릴 적부터 아침에 잔소리를 하며 깨우던 부모가 어느 날 불쑥 아이에게 모든 잘못을 돌리며 야단을 친다.

"넌 도대체 나이가 몇 살인데 아직도 엄마가 깨워야 하니? 아이쿠, 나도 모르겠다. 네가 이제 책임지고 일어나!"

이런 말을 들은 대부분의 아이들이 다음날에는 벌떡 일어날까? 그런 경우는 거의 없다. 왜일까? 지금까지 스스로 일찍 일어나는 훈련을 받지 못했기 때문이다.

그렇다면 책임감은 어떻게 가르쳐줄 수 있을까? 여러 가지 방법이 있겠지만 어릴 적부터 작은 일부터 스스로 하는 기회를 주는 것이 가장 중요하다. 스스로 하다가 실패하면 격려하며 다시 도전하게 하는 것도 필수조건이다.

하지만 기회를 준다 해도 아이의 서툰 모습을 보면 부모는 화가 나게 되어 있다. 그래서 아이를 다그치거나 '귀찮게 잔소리하느니 차라리 내가 하고 말지!'라고 생각하여 처리해버리곤 한다. 이런 상황들이 반복되는 환경에서 아이들은 제대로 자신의 기본적인 습관들을 배울 기회를 놓치고 마는 것이다.

부모는 아이가 해야 할 일의 권한을 아이에게 이양하고, 그것을 배우는 과정에서 실패할 자유와 실수할 기회를 허락하는 것이 중요하다. 이것이 바로 책임을 가르치고 배우는 가장 좋은 방법이라는 것을, 이론이 아닌 삶에서 부모와 자녀가 함께 느껴야 할 필요가 있다. 우리 아이들이 우리 부부와 떨어져 빙하 트래킹을 했을 때 느꼈던 것처럼……

남미 여행의 막바지에 우리는 빙하를 보러 갔다. 우리 부부는 크루즈를 타고 빙하를 가까이에서 보는 투어에 참가하기로 결정했다. 그러나 아이들은 크루즈 투어 대신 빙하 위를 직접 걸어보는 트래킹을 하고 싶다고 했다.

"빙하 위를 걸어가면 위험할 텐데……."

또다시 염려라는 놈을 먼저 앞세우는 우리에게 아이들이 빙하 트래킹 방법을 설명하기 시작했다.

"미리 신청을 하면 새벽에 가이드랑 출발해서 빙하 위 트래킹을 하고 저녁까지 돌아올 수 있는 투어가 있어요."

아이들은 참 신기하다. 자신들이 정말 원하는 것이 있을 때는 마치 전문가처럼 치밀함을 보이니 말이다. 한국에서는 돈이 필요할 때나 친구 집에 가서 자야 할 때 집요하게 우리를 설득했는데, 여행중에는 자신들이 경험하고픈 일이 있을 때 그런 면을 발휘했다.

"비용이 좀 비싸긴 해요. 1인당 10만 원인데, 그래도 저희들에겐 정말 필요한 경험인 것 같아요."

"가장 저렴하게 투어할 수 있는 곳은 엘찰텐(El Chalten)의 피츠로이(Fitz Roy)인데, 하루 전에 신청하면 다음날 새벽에 출발해서 저녁에 돌아오는 1일 코스예요."

아이들의 마음은 이해됐지만 예정에 없던 계획이라 일정상 무리가 있어 보였다.

"하지만 이미 다음 목적지의 비행기 표를 끊어놔서 날짜가 며칠 없는

데……."

이런 우리의 우려에도 아이들은 바로 해답을 제시했다.

"저희가 그것까지 모두 계산해놨어요. 계획대로 오늘부터 출발한다면 딱 하루 여유가 있으니 비행기 타는 데도 지장이 없을 거예요."

도무지 거절하지 못할 정도로 완벽하게 모든 부분을 설명하는 아이들을 보고 있자니 '어디서 저런 힘이 나올까?' 하는 마음이 들었다. 결국 남미 여행의 막바지 5일을 남겨 두고 아이들의 빙하 트래킹을 위해 엘찬텐으로 향했다. 일사천리로 트래킹 투어를 예약하고 장갑 등 장비를 구입하니 모든 것이 완벽해 보였다. 그런데 다음날 아침.

"큰일 났다! 늦잠을 자버렸어! 일어나, 빨리!"

첫째의 비명 소리에 두 녀석도 놀라며 후다닥 일어나더니 배낭을 메고 달려 나갔다. 한 30분이나 지났을까? 힘없이 세 놈이 돌아왔다.

"저희들이 20분 지각하는 바람에 모두 출발했대요. 환불은 안 되지만 내일 투어하는 팀에 합류하는 것은 가능하다네요."

울상이 되어 말하는 아이들에게 야단을 쳤다.

"일정도 빠듯하고 비용도 만만찮은 것이라 정말 신중하게 선택한 건데 지각해서 그걸 놓치니? 그냥 포기하고 가는 수밖에 없을 것 같다."

여행 중반에 접어들면서 우리도 한국에서처럼 아이들을 일정에 맞춰서 깨우거나 하는 일이 없었기 때문에, 아이들도 자신들의 잘못을 아는지 고개만 푹 숙였다. 그때 유달리 이번 빙하 트래킹에 대한 열의가 강했던 첫째가 말했다.

"엄마, 아빠. 두 분은 예정대로 내일 아침에 버스를 타고 출발하셔서 다음 목적지에 가 계시고, 저희는 빙하 트래킹을 한 뒤에 다음날 새벽 버스로 그곳에 가면 안 될까요?"

이건 또 무슨 뚱딴지같은 소리란 말인가? 교통편도 많지 않은 남미의 시골이라 한 번만 어긋나도 다음 목적지로 가는 비행기를 탈 수 없는 상황이 될 텐데, 모험을 하자는 것인가? 1시간을 넘게 의논을 해도 아이들의 의지는 확고했다.

"만약 잘못되면 저희가 다음 목적지인 우슈아이아(Ushuaia)까지 찾아가서 비행기 타는 것에는 지장이 없도록 할게요. 저희들의 잘못이니 저희들이 책임지게 해주세요. 일단 두 분이라도 원래 일정대로 가 계시는 게 좋을 것 같아요."

이미 여행사에서 돌아오면서 자기들끼리 치밀한 각본을 짠 것 같았다. 고민에 고민을 거듭한 끝에 아이들 스스로 책임을 지고 싶다는 뜻을 따라 28시간, 아니 어쩌면 3박 4일, 54시간이 될지도 모르는 이별을 하기로 했다.

다음날 새벽, 아이들은 빙하 트래킹을 떠나고 우리는 버스로 원래 목적지인 중간 지점에 도착했다.

'아이들이 예정대로 트래킹을 마치고 뛰어내려와 버스를 탈 수 있을까? 차라리 비행기 표를 포기하고 같이 올걸.'

이런 마음까지 들었지만 이미 엎질러진 물. 아이들을 믿고 기다리는 수밖에…….

다음날 아침, 떨리는 마음으로 버스 정류장으로 향했다. 몇 대의 버스가 도착하고 예상시간을 조금 넘긴 시점에 아이들이 버스에서 내렸다. 트래킹을 마친 뒤 새벽 4시까지 정류장에서 기다리다 겨우 버스를 타고온 것이니 당연히 몰골은 말이 아니었다. 첫째가 울먹이며 하소연을 했다.

"동생들은 낯선 버스 정류장 의자에서 쿨쿨 자는데, 전 배낭하고 아이들을 지키느라 한숨도 못 잤어요."

울먹이는 딸이 대견하여 안아주는데 동생들은 멀뚱멀뚱 쳐다만 보고 있으니, 첫째와는 전혀 마음이 달랐던 것 같았다. 딸은 마음이 좀 진정되었는지 웃음을 띠며 말했다.

"부모님 안 계실 때 두 동생을 지켜야 하는 상황을 겪어보니, 엄마 마음을 조금은 알 것 같았어요."

다음 목적지로 가기 위해 버스를 탈 때, 딸은 엄마 옆에 앉아서 가고 싶다고 했다. 엄마의 손을 꼭 잡고 정신없이 코를 골며 잠든 딸의 모습에서 힘들었던 28시간의 여정이 유추되었다. 가슴을 쓸어내렸지만, 나중에 들은 딸의 한마디는 우리 부부에게도 더 많은 생각을 하게 해주었다.

"예전에는 제게 이래라 저래라 하시던 엄마의 잔소리가 정말 싫었는데, 그런 엄마의 마음이 동생들을 지키면서 조금은 이해가 되더라고요."

자식 투자에 성공하는 비결은 무엇일까? 교육학자들이 가장 먼저 꼽는 것은 '아이들이 할 수 있는 일을 부모가 대신 해주지 않는 것'이라고 한다. 그렇다면 다 큰 자식을 제대로 독립시키지 못하는 캥거루 부모, 유명한 학원을 알아보고, 방학 숙제를 대신 해주며 항상 아이들의 주변을 맴도는 헬리콥터 부모, 심지어 대학생이 된 아이의 수강 신청과 입사 이력서 작성까지 도와주는 대한민국표 부모 역할은 어떻게 재해석되어야 할까?

글로벌
세상의 중심에
서 있는
아이들

"와~! 한국에서는 이미 사라진 필름 카메라를 들고 사진관을 찾아오 다니, 마치 우리 어릴 적 풍경 같아요."

아프리카에서 교민이 운영하는 사진관을 방문했을 때의 일이었다. 현 상한 사진을 찾기 위해 줄을 서 있는 아프리카 사람들의 모습에 신기함을 감출 수 없었다. 필름 카메라와 인화된 사진을 들고 행복해하는 이들의 모 습은 예전 우리나라에서 봤던 그것과 같았다.

페루의 수도 리마(Lima)에 도착했을 때에도 역시 "와~!"를 외쳤다. 리마 는 '티코의 도시'라 해도 과언이 아닐 정도로, 이제는 한국에서 보기 어려 워진 차인 티코들이 도로 위를 쌩쌩 달리고 있었다. 마치 타임머신을 타고 10~20년 전으로 돌아간 듯 우리는 추억에 잠겼다.

남미나 아프리카 등에서는 1980~1990년대의 우리나라에서 볼 수 있 었던 모습들을 접했던 반면, 미국이나 유럽에서는 10~20년 후의 우리나 라 모습을 보는 것 같았다. 실제로 우리가 여행을 마치고 돌아온 뒤에는 미국과 유럽에서 보고 들었던 것들을 한국에서 다시 접하게 되면서 또다른 신기함을 느낄 수 있었다.

"신기하네요. 2년 전에 프랑스에서 이것 때문에 그렇게도 당황했는데 어느새 우리나라에도 이런 방식이 들어오다니……."

얼마 전, 셀프 주유소에서 아들이 능숙하게 차에 주유하면서 했던 말이다. 유럽에서의 주유소 사건이 생각났던 것이다.

프랑스를 여행할 당시 우리 가족은 차를 렌트해서 타고 다녔다. 그런데 주유하기 위해 주유소에 들어가보니 직원 한 명 없이 주유기만 덜렁 놓여 있는 것 아닌가. 그때는 무엇을 어찌해야 할지 몰라 무척이나 당황스러웠다. 그렇게 한참을 헤매고 있는데 다행히 마침 주유소에 들렀던 어떤 프랑스 사람이 설명하고 도와준 덕분에 겨우 차에 기름을 넣을 수 있었다. 그때 처음 접했던 셀프 주유기는 우리에겐 이해할 수 없는 괴물과도 같았다.

여행을 떠나기 전에는 한국에서 볼 수 없었던 셀프 주유소가 이젠 여기저기에 생겨나고 있다. 조금 다른 점이라면 미국이나 유럽에서 봤던 대부분의 셀프 주유소에는 직원이 한 명도 없었던 것에 반해 우리나라 셀프 주유소에는 그래도 몇 명의 직원이 배치되어 있다는 것인데, 이런 점을 보면 아직은 시범 운영 기간인 것 같다. 셀프 주유소뿐 아니라 교통 체계나 평생교육 시스템, 다양한 복지정책 등 선진국에서는 이미 자리잡은 제도들도 한국에서 속속 시행되기 시작했다.

이런 변화는 제도나 시스템에서만 접할 수 있는 것이 아니다. 지금은 안방에 있어도 전 세계의 움직임이 수시로 공유되는 등 전 세계가 서로 영향을 주고받는 시대다. 얼마 전 우리나라 가수 싸이가 〈강남 스타일〉로 세계를 뒤흔든 일이 있었는데, 그것이 가능했던 가장 큰 요인은 유튜브(Youtube)라는 동영상 사이트, 그리고 전 세계가 동시에 같은 정보를 접할 수 있게 한 인터넷의 보급이었다. 한국에서 즐기는 동영상이 유튜브를 타고 며칠 만에 전 세계로 퍼지는 것을 보면, 이제는 더이상 한국 안방에 앉아 한국만 상대하고 있을 수는 없는 시대가 된 것 같다. 우리가 머리로 상상하고 몸으로 느끼는 것보다 훨씬 빠른 속도로 세상은 휙휙 바뀌고 있다.

이런 시대임에도 유독 변화가 느린 것은 부모와 교육이 아닌가 싶다. 미래학자 앨빈 토플러(Alvin Toffler)는 조직의 변화 속도에 대한 연구에서 '기업의 변화 속도는 시속 160킬로미터로 자동차 경기장을 달리는 스포츠카 수준, 부모의 변화 속도는 시속 50킬로미터로 무거운 짐을 싣고 낑낑거리며 오르막을 오르는 화물차 수준 그리고 학교의 변화 속도는 시속 15킬로미터로 논두렁을 달리는 경운기 수준'이라고 말한 바 있다. 그렇다면 아이들의 변화 속도는 얼마나 될까? 가장 빠른 변화를 요구하는 기업과 같은 속도인 시속 160킬로미터 이상이라고 한다.

미국 맥킨지(McKinsey) 경영컨설팅사의 연구에 의하면 이전에는 30년 정도였던 기업의 수명도 지금은 훨씬 짧아져 10년을 채 넘기지 못하고 사라지는 기업들이 허다하다고 한다. 우리 아이들이 활동하게 될 2030년경에는 기업의 수명이 얼마나 될까? 맥킨지는 이에 대해 '5년을 주기로 변화하지 않으면 안 된다'고 경고하고 있다. 그래서 이 시간에도 기업은 살아남기 위해 피땀을 흘리는 혁신을 계속할 수밖에 없는 것이다. 얼마 전 찾아왔던, 대기업에 다니는 한 제자의 말이 생각난다.

"선생님, 제가 10시쯤 퇴근하면서 다른 회사에 팩스를 보내고 나왔는데, 어떤 날 출근해서 보면 거래처에서 11시에 보낸 팩스가 들어와 있기도 합니다."

빠르게 혁신하고 성장하고 살아남기 위한 현실을 살아간다는 것이 그렇게 쉬운 일은 아닌 것으로 보인다. 또다른 제자 역시 1년 만에 대기업을 퇴사한 이유에 대해 한숨을 쉬며 말했다.

"휴대폰을 개발하면 수십 개의 제품을 만들라고 해요. 그것들을 한 테이블에 올려놓고 제품 테스트를 거친 후에는 하나만 남기고 모두 폐기하지요. 예전에는 신제품을 만드는 기한이 1년이었다면, 이제는 6개월 안에 만들어내라고 합니다. 앞으로는 아마 점점 더 빨라지겠지요? 마치 제가 물건 만들어내는 기계 같아서 견딜 수가 없었습니다."

부모는 아이들에게 "지금은 우리가 자랄 때보다 모든 것이 풍족한데, 도대체 너희들은 뭐가 부족하다는 거냐?"라고 말하며 더 노력하기를 요구한다. 그러나 요즘 아이들은 부모보다 훨씬 빨리 힘든 세상을 접해야 한다는 것이 마음 아픈 현실이다. 아이들이 원하든 원하지 않든, 아이들 세대의 변화 속도는 부모 세대의 속도보다 빠를 수밖에 없음을 기억해야 한다.

그렇다면 기업과 같은 시속 160킬로미터로 변화하는 아이들과, 시속 50킬로미터로 변화하는 부모가 함께 사는 가정의 변화 속도는 얼마나 될까? 앨빈 토플러는 가장 빠르게 변화하고 있는 대표적인 조직이 가정이라고 했다. 예전에는 가정이 덜덜거리는 고물차 수준인 시속 30킬로미터로 변화했던 것에 반해 지금은 고속도로를 달리는 자가용의 속도인 시속 95킬로미터에 해당한다 하니, 무려 세 배나 빨라진 셈이다.

부모의 어린 시절과 자녀의 오늘은 분명 다르고, 달라야만 합니다. 수치로 나타난 성적에 아이를 가둘 것이 아니라 20년 후, 30년 후 우리 아이들의 세상을 상상하며 함께 고민해주어야 할 것입니다.

이토록 변화 속도가 높아진 이유는 뭘까? 이전의 가정은 전통과 권위, 위계질서를 존중하는 대표적인 조직이자 바깥세상으로부터의 영향을 그다지 받지 않는, 변화와는 거리가 먼 별개의 집단처럼 여겨지기도 했다. 그럼에도 오늘날에는 NGO보다 빠른 변화 속도를 보인다는 사실이 이상하지 않은가? 이에 대해서는 앨빈 토플러가 말한 바를 주목해볼 필요가 있다.

"서로 다른 사고를 가진 두 세대가 같은 지붕 아래 살아야 하는 것이 현재의 가정이다. 부모와 자녀가 30년의 간격을 두고 있기 때문에, 생각과 문화 그리고 사고방식의 차이로 인하여 갈등이 일어날 수밖에 없다. 가정이 극도의 갈등 구조로 변하다보니 그것을 해소하기 위해서는 부모가 변화의 몸부림을 쳐야 한다."

실제로 요즘 상담을 요청해오는 많은 부모님들의 하소연은 거의 같다.

"내 아이인데도 어떻게 키워야 할지, 어떻게 대해야 할지를 도대체 모르겠어요."

아이들의 하소연은 부모님들의 경우보다 더 많이 일치한다.

"도대체 부모님은 저를 하나도 이해하지 못하세요. 항상 자기 마음대로 일방통행이에요."

현실이 이럴진대 부모가 자신들이 이해하기에는 버거울 정도로 빠르게 변화하는 아이들을 향해 버럭 소리만 지른다고 해서 과연 문제가 해결될까?

갑자기 머리가 아파오지 않는가? 그러나 의외로 해답은 간단할지 모른다. 1980~1990년대의 모든 것에 익숙한 우리 부모들이 2020~2030년을 향해 나가는 아이들의 발목을 잡지만 않아도 될 것 같다. 조금 더 발전적인 부모 역할을 위해서는 아이들의 교육을 위한 방향이 달라져야 한다는 것이다. '자녀교육에서 중요한 것은 속도가 아니라 방향'이라는 말이 있듯, 이제 부모는 아이들이 본격적으로 활동할 10~20년 뒤 세상의 흐름을 조금이라도 감지하려 노력해야 한다. 아이들은 원하지 않아도 저절로 글로벌 사회의 중심에 서게 될 것이고, 아이들은 더이상 우리가 이해할 수 없는 별종이 아니기 때문이다.

3장

다른 길,
소통의 길

자녀독립 프로젝트 1단계: 기질─적성 알기

이상해도 너무 이상해!

(독특해도 너무 독특해!)

각각 혼자 길을 가던 개와 고양이가 만났다. 심심했던 개는 새 친구를 사귀고 싶어 고양이에게 다가가 친해지자는 의미로 꼬리를 세우고 흔들었다. 그러자 갑자기 고양이가 외쳤다.

"야! 이 나쁜 강아지야, 너는 왜 나를 보자마자 싸우려고 덤비니? 이상해도 너무 이상해!"

개는 그런 고양이를 이해할 수 없어서 다시는 고양이하고 놀지 않기로 했다.

며칠 뒤, 이번에는 고양이가 저 멀리서 오는 개를 발견했다. 일전에 개에게 면박을 준 것이 미안했던 고양이는 이번에는 자신이 먼저 러브콜을 보내기로 했다. 그래서 반갑게 외쳤다. "야옹~!" 하고 말이다. 그러자 갑자기 개가 달려들며 말했다.

"넌 아무리 이해하려고 해도 도저히 이해할 수 없는 고양이야. 만나기만 하면 싸우려고만 하니. 이상해도 너무 이상해!"

혼히 우리는 개와 고양이는 사이가 좋지 않다고 말한다. 이유는 무엇일까? 유전학 혹은 생물학적 이유보다는 서로의 신체 언어가 다르기 때문이라 보는 것이 타당하다. 예를 들어 개가 꼬리를 세우고 흔들면 '놀고 싶다'는 뜻인데, 고양이는 이것을 경고 혹은 위협의 뜻으로 받아들인다. 또한 고양이는 만족감을 나타내고자 할 때 "야옹!" 하는 소리를 내지만, 개는 목에서 소리를 내는 것을 적대감의 표시로 해석한다. 그러니 처음 고양이를 만난 개가 기쁨을 나타내기 위해 꼬리를 흔들어도 고양이는 발톱을 세우며 개에게 달려들기 쉬운 것이다.

그렇다 해도 개와 고양이가 서로 친해질 수 있는 방법은 있다. 상대의 신호를 의도와는 정반대로 해석함으로써 나타나는 이런 오해는 약간의 훈련을 통해 교정될 수 있고, 이 과정을 거친 개와 고양이는 서로를 잘 이해하며 친하게 지낼 수 있다고 한다.

이것을 인간의 경우에 적용해서 말할 수도 있다. '다르다'는 것은 틀린 것이 아니라 단지 서로 다를 뿐임을 인식하는 것과 같은 맥락이기 때문이다. 서로 다르다는 것을 인정하는 것은 그만큼 중요한 부분이다. 지난 시절 우리는 단일민족이라는 것에 무한한 자부심을 가지라고 배웠다. 물론 단일민족임이 수치스러운 사실은 아니지만 서로 동일한 모습에 익숙한 문화에서 생활해왔기에, 아무래도 한국인에게는 남과 다르게 튀는 것보다는 서로 비슷한 무리 속에 있어야 안심을 하는 경향이 있다.

그리고 이런 심리는 교육에도 정확히 파고들었다. 즉, 남과 다른 길보다는 남이 가는 길로 가야 불안해하지 않는 분위기이므로, 교육부 장관의 말보다 옆집 아줌마의 한마디에 귀를 쫑긋 세울 수밖에 없는 것이다. 다른 아이들이 모두 학원을 가니 내 아이만 안 보낼 수 없고, 대부분의 아이들이 대학에 진학하니 내 아이 역시 당연히 그래야 한다고 생각하다보니 어느새 우리나라의 대학 진학률은 80퍼센트를 넘기에 이르렀다.

성적을 비관해 자살한 학생들의 소식을 접할 때면 "그놈의 대학이 사람 잡네!" 하면서도, 자신의 아이에 대해서만큼은 '그놈의 대학'에 대한 미련을 여전히 버리지 못한다. 그 결과 해결 불능의 청년실업 사태, 대학 졸업과 동시에 신용불량자가 되어버리는 젊은이들이 생겨났다. 결과적으로 희망을 갖고 내일의 꿈만 꾸기에는 너무 버거운 현실 속으로 아이들을 몰아넣은 셈이다.

지금의 청년들이 이렇게 되어버린 것이 과연 그들의 잘못된 선택 때문일까? 감히 어느 젊은이가 명문대 입학, 대기업 입사를 바라는 부모의 기대와 사회의 잣대를 무시할 수 있을까? 물론 이것은 어느 특정인의 잘못이 아니다. 우리는 이런 현실을 알면서도 너무 오래도록 외면해왔고, 결국은 모두를 아프게 만드는 고통의 터널을 만들어버렸다. 그저 한 줄로 만들어진 등수라는 기준만 바라봐야 하고, 그것에서 조금이라도 뒤처지면 낙오자가 되는 경쟁의 도가니. 그 속에서 한 칸이라도 앞서려고 발버둥을 쳐야 했던 아이들은 결국 지금 시름시름 앓고 있다.

그럼에도 앞서 이야기했듯, 우리나라에서도 미미하지만 서서히 변화의 물결이 일어나고 있다는 것은 참으로 반가운 일이다. TV에서 기업이 특성화고 학생들을 공채하는 공개 스카우트 프로그램을 본 적이 있다. 방송이지만 아이들은 진지했고 과정도 치열했다. 저마다 입사 포부를 밝히고 주어진 과제를 수행하여 발표하는 과정을 거쳐 결국 한 명이 스카우트되는 내용이었다. 처음 소개하는 시간부터 떨리는 목소리로 시작하다가 끝내 울음을 터뜨리고 1차에서 탈락하는 학생도 있어서 보는 이들이 다 마음이 저릴 정도였다. 승패를 떠나서 이렇게 도전하는 아이들과 새로운 공채 방법을 인정한 꿈의 기업들에게 박수를 보내고 싶었다. 시작부터 완벽할 수는 없지만 그래도 이런 움직임이 우리나라를 보다 성숙한 선진사회로 바꾸어가는 첫걸음으로 여겨졌기 때문이다.

우리 가족이 미국에서 몇 개월 머무를 때의 일이다. 아이들은 영어를 배우면서 오후에는 주로 도서관에서 생활했는데 튜터 제도가 특히 눈에 띄었다. '튜터'는 본래 개인교사라는 의미이지만, 미국에서는 도서관 등에서 영어에 서툰 외국인을 도와주는 자원봉사자를 지칭하기도 한다. 아이들이 다녔던 도서관에는 주로 연세 드신 미국인 할머니 튜터들이 계셨는데, 그중 아이들이 만난 한 분은 지금도 잊을 수 없다. 하루는 도서관을 다녀온 막내가 말했다.

"엄마, 아빠! 저희가 다니는 도서관에 한번 오실래요? 저희 튜터 할머니께서 부모님을 뵙고 싶어 하세요."

며칠 뒤 도서관을 방문하여 인사를 나누는 우리 부부에게 튜터 할머니는 악수를 청하시며 활짝 웃으셨다.

"막내 아드님이 참 독특합니다."

할머니의 말씀에 당황스러운 마음이 들어 아들에게 살짝 물었다.

"너 튜터 할머니께 무슨 실수라도 했니? 아니면 버릇없게 굴었어?"

순간 아들이 정색을 하며 볼멘소리로 말했다.

"제가 실수한 것을 말씀하시는 것이 아니라 저를 칭찬하시는 거예요."

자신이 받은 오해를 풀려는 듯 아들이 뭐라 뭐라 말하자 할머니께서는 환히 웃으시며 천천히 말씀해주셨다.

"특별하고 기대가 된다는 의미입니다. 아이가 개성이 강하고 주관이 명확해요. 나이가 어린데도 자기 색깔이 있다는 게 놀라워요."

일주일 동안 튜터 역할을 해주시면서 대화를 나누셨던 할머니께서는 아마도 막내를 괜찮게 보신 것 같았다. 막내가 사교성이 좋다는 말씀도 덧붙이셨다. 물론 상세한 것들은 아이들의 통역을 통해 확실히 알아들을 수 있었지만…….

그런데 정말 이상한 일이다. 왜 우리는 '독특하다'는 할머니의 말씀에 '어떤 문제가 있을까?'라는 생각을 먼저 떠올렸을까? 이 세상 모든 사람의 지문이 다르듯이 성격과 생김새 또한 저마다 다른 것이 정상이건만, 왜 우리는 남과 다르다는 것에 대해 먼저 불안해할까? 특히 한국 사람들은 다르다는 것에 대해 '특별하다' '고유성이 있다'는 긍정적인 해석보다는 '유별나다' '문제가 있다'는 해석을 하는 경향이 강한데, 이런 현상은 한국을 지배해온 입시제도에서도 마찬가지였다. 지금까지의 입시제도에서 과연 어떤 학생이 '특별함'이나 '자신만의 고유함'을 내세워 인정받을 수 있었겠는가? 오히려 '미쳤다'는 소리를 듣지 않으면 다행이었을 것이다.

그러나 감히 반문하고 싶다. 똑같이 복제된 제품들과 하나밖에 없는 고유한 작품 중 무엇이 더 가치를 인정받겠는가? 그런 면에서 '다름'은 '구별됨'이자 '특별함'이고 '선택받을 수 있는 힘'이라고 말할 수 있을 것이다. 우리 아이들이 복제품이 아니라면 다른 아이들과 다르다는 것을 문제로 보기보다는 고유함과 독특함 그리고 탁월한 능력으로 바라보는 부모가 되어야 할 이유가 바로 여기에 있다.

"아이를 보니 정말 독특하던데요."라는 다른 사람들의 말에 "네가 어떻게 행동했는데 그런 말을 듣니?"라며 아이에게 정색한다면, 우린 여전히 내 아이를 복제품으로 만들고 싶은 부모일지도 모른다. 그런 반응 대신 아이의 독특함을 살려주고 응원해주는 것은 어떨까? "우리 아들의 어떤 멋진 점을 보고 그런 말씀을 하셨을까? 엄마만 아들이 멋지다고 생각하는 줄 알았는데 그분도 알아채셨구나"라고 말이다.

여행을 하면서 절실히 깨달은 것은 바로 '다양성'이다. 각 나라, 각 사회의 다양한 자연 풍경만큼이나 사람들이 사는 방식과 문화도 달랐다. 각양각색의 환경과 문화를 보면서 마음이 열린 것일까? 점차 아이들도 자신의 고유한 색깔을 나타내기 시작했다. 부모인 우리 역시 아이들이 말하는 태도, 이해하는 방식, 문제를 해결하는 방법에서 각자의 특성이 있다는 것을 비로소 깨달았다. 우리 역시 여행 전에는 아이들을 열심히 복제품으로 만드는 데에 목숨을 걸었는데 말이다. 길 위에서 팡팡 깨지면서 내 자식의 다름을 발견하고 보니, 아이들이 저마다 새로운 길을 찾는 방향도 보였다. 이상해도 너무 이상한 일이 아닌, 독특해도 너무 독특하고 멋진 일이었다.

멍청이가
척척
해결사

"도대체 너는 이런 걸 틀린다는 게 말이 되니? 누굴 닮아 이렇게 멍청하니?"

막 시험을 마치고 온 아이의 시험지를 들고 가채점을 하다가 또 징글징글한 싸움이 시작되었다. 억울한 듯 눈물을 글썽이는 딸의 얼굴을 보니 갑자기 '멍청이'라는 단어가 떠올랐다. 그러고 보니 누굴 닮았는지 눈매도 멍청해 보이고, 대답하는 폼은 더 멍청해 보였다.

"제발 정신 바짝 차리고 들어가서 공부해. 내일도 이러면 죽을 줄 알아!"

이런 협박이 효과가 있었다면 얼마나 좋을까? 협박의 효과는 협박하는 사람의 기분만 잠시 풀어줄 뿐, 협박 당하는 아이의 마음까지 움직일 수 없다는 것을 그때는 몰랐다.

다음날 딸은 더 죽을 쑤고 돌아왔다. 그렇게 야단을 쳤는데도 말이다. 결국 협박자의 완패라는 것을 나중에 성적표를 받고서야 인정할 수밖에……

이런 멍청이가 한 번도 가보지 않은 이국땅에서는 어떻게 '척척 해결사'로 돌변했을까? 멍청이로 본 예전 우리의 눈이 잘못된 것인가? 딸이 이상해진 것일까?

중학생이 되어 성적이라는 숫자 때문에 구박을 받기 전까지 딸은 정말 좋은 아이였다. 네 살 되던 해에 세 살, 한 살짜리 두 남동생들을 엄마가 말하기 전에 알아서 돌볼 정도로 다른 이들의 필요를 잘 살피는 능력을 가지고 있었다. 자연히 학교에서도 친구가 많았다. 길을 가다가도 불쌍한 사람이 있으면 도와주고 싶어 하고, 지금도 누구보다 연세 드신 어른들에게 깍듯하고 그분들을 보살펴드리고 싶어 하는 심성을 가진 아이다.

아이들이 자라는 동안 우리 집에서는 1년 내내 작은 행사들이 이어졌다. 가족 각자의 생일, 우리 부부의 첫 만남 기념일, 결혼 기념일, 프러포즈 기념일 등 우리는 기회만 생기면 다양한 방법으로 이벤트를 즐기며 가족 간의 사랑을 키웠고, 딸은 항상 그런 행사의 중심에 있었다. 동생들과 함께 풍선을 달고, 꽃을 사고, 카드를 쓰는 등 이벤트의 귀재라 할 정도로 기획하고 연출하는 것에 탁월한 능력을 발휘했다. 초등학교 3학년 때는 엄마 생일날 둥근 빵을 사고 그 위에 초콜릿 등의 장식을 더해 세상에 하나밖에 없는 케이크를 만들어 감동을 안겨주기도 했다. 그래서일까. 다른 부모들로부터 아이들의 사춘기 이야기를 들을 때면 우리 딸만은 절대 그런 일이 없을 것이라고 생각했다.

이런 딸이었음에도 중학교 때의 사진을 보면 표정은 어둡고 눈동자는 자신이 없어 보이는 경우가 많았다. 게다가 수없이 부모에게 대들었으며 때로는 가출을 하는 등 이전에는 상상조차 할 수 없었던 태도를 보이기 시작했다.

처음에는 이런 아이의 모습에 '왜 이렇게 갑자기 변했을까?'라는 의문이 들었다. 하지만 정신을 차리고 보니 '갑자기'가 아니었다. 부모가 끊임없이 공부라는 잣대만으로 자신을 누르고 억압하는 사이, 강제로 눌리고 눌렸던 용수철이 어느 순간 튀어오르듯 저항하기 시작한 것이었다. 아마 그것마저 없었으면 딸은 정신적으로 건강하지 못했을지도 모른다. 저항을 해야 할 때 저항하지 못하면 몸속의 여러 장기들이 운다고 하지 않는가?

요즘 상담을 하다보면 은둔족의 경향을 나타내는 청소년이 점차 늘어나고 있음을 알 수 있다. 그런 아이들을 보면 가슴이 아프다. 별로 저항하지 않는 아이에게 처음에는 부모 방식대로 하도록 요구하다가, 어느 날 아이가 힘겨워 쓰러질 때가 되어서야 놀라서 데려오는 경우가 많다. 지금 이 순간에도 저항하는 아이를 둔 부모가 있다면 오히려 그것에 감사했으면 좋겠다. 그렇게 표현하는 표출형 아이는 그래도 건강한 편이라 할 수 있고, 속으로만 삭이는 내재형 아이에 비하면 훨씬 문제를 해결하기가 쉬운 경우에 해당하기 때문이다.

3년을 내리 우리에게 저항했던 딸이었음에도 여행지에서는 물 만난 고기처럼 자기의 기량을 발휘했다. 한국에서는 부모가 호령하기에 급급했던 것에 반해 외국에 나가서는 그럴 수가 없었다. 배낭여행이 어디 마음먹은 대로, 계획한 대로만 되는 것이던가? 아무리 계획을 세워도 계획대로 되지 않을 때가 많았고, 새로운 문제를 해결해야 하는 상황의 연속이었다. 이럴 때 체력적으로 우린 아이들의 상대가 못되었다. 언어는 또 어떠한가? 공식적으로 중학교 졸업에 불과한 아이들의 영어 실력은 대학교, 대학원을 졸업한 우리 부부보다 훨씬 탁월했다. 실력이 낮다기보다는 겁 없이 외국인에게 말을 거는 능력이 뛰어나다고 하는 편이 맞겠다. 문법은 따지지 않고 무턱대고 먼저 말부터 던지고 보는 대담함이 우리 부부에게는 없었다.

특히 딸은 여행을 하면서 수없이 많은 친구를 사귀었는데, 5분 정도만 얘기하면 남녀노소 국적을 불문하고 모두 자신의 친구로 만드는 신기한 재주를 보였다. 이런 능력을 십분 발휘한 딸은 문제가 발생하면 거침없이 해결하고 돌아왔다. 때로는 새로 만난 언니 오빠와도 10년 전부터 알았던 것처럼 친해지는 바람에 밤늦게까지 들어오지 않아 애를 태우기도 했지만, 참으로 대단한 인간관계 능력임은 인정하지 않을 수 없다. 지금도 여행중에 만난 사람들의 연락처를 딸에게 물으면 대부분 줄줄이사탕처럼 읊곤 한다.

그런 능력을 가진 딸아이에게 배낭여행을 통해 접한 세계는 자신의 기량을 마음껏 발휘할 수 있는 신나는 무대였고, 우리는 그런 딸의 능력에 서서히 경외의 눈빛을 보내기 시작했다. 한국에서의 멍청이가 탁월한 척척 해결사로 변신하기 시작한 것이다. 이 역시 우리의 눈이 잘못되었기 때문인 것일까? 아니면 딸이 이상해진 것일까?

과테말라의 안티구아(Antigua)에 스페인어를 배우기 위해 도착했을 때의 일이다. 안티구아는 전 세계 사람들이 스페인어를 배우려고 몰려드는 곳이라 오랫동안 머무는 외국인들이 많다. 이런 목적을 가진 외국인들은 게스트하우스보다 모든 시설을 갖춘 숙소를 장기 임대하는 방식으로 머무르는 경우가 많았다. 우리도 일반 숙소보다 훨씬 저렴한 장기 임대 숙소를 알아보기로 했다. 밤이 되면 함부로 나가면 안 되는 곳이 남미라는 말을 들었던 터라, 집을 고르는 데 있어서도 반드시 안전을 고려해야 했다. 이런 상황이 되자 딸은 동생들을 데리고 정보를 알아보러 나가더니, 이틀을 다니면서 정보를 수집한 뒤에 신이 나서 가족회의를 이끌어갔다.

"여기 한국에서 오신 분들이 하는 식당이 있는데, 거기에 가서 정보를 알아냈어요. 그리고 공부하러 이곳에 와 있는 한국 오빠들도 많더라고요."

어느새 안티구아에 사는 한국인은 거의 다 사귄 듯 아이는 임대할 집을 고르는 방법, 학원을 선정하는 방법에 관한 정보를 속사포처럼 쏟아냈다. 그런 부분을 칭찬해주니 다른 영역에서도 최선을 다하는 면을 보이기 시작해 스페인어를 배울 때도 공부의 달인처럼 열정을 다했다.

"공부가 정말 재미있어요. 이렇게 열심히 한국에서도 공부했으면 1등쯤은 거뜬했을 것 같아요."

누가 할 소리를 누가 하는 걸까? 공부할 마음이 생기니 아이들은 공부법도 스스로 개발하기 시작했다. 단어 카드 만들기, 세 명이 서로 쪽지시험 치기, 서로 돌아가며 말하기 등 학습 효과를 높이는 방법을 자발적으로 만들어내며 노력했다.

스페인어 학원 선생님들 사이에서도 딸의 인기는 소위 '짱'이었다. 사람과 잘 사귄다는 것은 그만큼 타인과 소통하는 법을 알고 상대방의 마음을 잘 헤아린다는 것을 뜻한다. 딸은 자신을 가르치는 선생님에 대해서도 특유의 배려심을 발휘했고, 집에서 만든 한국 음식을 수시로 가져가서 선생님들께 시식을 시켜드리기도 했다. 음식을 만들었을 때 누군가에게 맛보여주고 싶다는 따뜻한 마음이 있기에 가능했던 일이다. 그러다보니 딸의 지도를 맡은 선생님은 우리가 봐도 딸과 특별히 친해졌다. 수업 외의 시간에도 도와주거나 함께 커피숍에 가는 등 인간적인 친밀감이 형성되니 딸은 훨씬 빠른 속도로 스페인어를 배워나갔다.

이렇듯 사람을 배려하고 좋아하는 기질 덕분에 딸은 아프리카, 남미, 멕

시코, 미국 등에서도 여러 친구를 사귀었고, 지금도 그 친구들이 한국에 오면 꼭 만나곤 한다.

한국에서 엄마가 붙들고 앉아서 공부를 시켰을 때 딸은 시험 공포증에 걸렸다. 여행중에 얘기해줘서 알게 된 것이지만, 멀쩡하게 이해했던 문제도 시험지를 받으면 도저히 풀이법을 생각해낼 수 없었다고 한다. 이런 딸에게 엄마라는 사람은 "열심히 안 해서 그런 거야!"라며 계속 닦달했고, 심지어 '어떤 일 하나 제대로 못하는 멍청이'라고 낙인찍었던 것이다. 오로지 성적이라는 잣대 하나만으로 말이다. 부모라는 이름으로 멀쩡한 아이를 멍청이로 만들어버렸으니, 딸의 입장에서 보면 너무나 억울했을 것이다.

좋은 것을 나누고 싶어 하는 딸의 기질은 사회생활을 하는 데 있어 결정적으로 필요한 능력이다. 그런 재능을 가진 아이에게 공부에 방해된다며 잔소리만 해댔으니, 공부에 미친 엄마의 어리석음이었다 할 것이다.

얼마 전 한 TV 프로그램에 우리 가족이 출연했던 적이 있었는데, 그때 사회자가 딸을 보며 말했다.

"따님이 정말 예쁘게 생겼어요. 대답하는 것을 보면 총기가 넘쳐요."

이제야 딸이 제대로 된 평가를 받나보다. 멍청한 사령관 밑에서 끝까지 멍청이로 대접받지 않아서 얼마나 다행인지 모르겠다. 딸은 누구보다 지혜로운 해결사, 총기가 넘치는 해결사, 어려운 이들을 가슴에 품는 따뜻한 해결사가 될 수 있을 것이다. 이런 딸에게 부모의 소망을 전한다.

"딸아, 미안해. 이제부터는 엄마 아빠가 멍청이가 되지 않도록 노력할게."

짜증내던
범생이가
행복해지기

"엄마, 제발 저 좀 그냥 가만히 두세요. 공부하기에도 시간이 모자라는데 왜 자꾸 필요 없는 질문을 하고 그러세요?"

눈도 돌리지 않고 책만 바라보며 대답을 하는 둘째의 방문을 조용히 닫았지만, 마음 한구석에 섭섭함이 드는 것은 막을 수 없었다.

'이게 다 자기를 도와주려고 하는 건데 부모 마음도 모르고. 어디 자식 무서워서 살겠나?'

둘째는 모든 부모님들과 선생님이 좋아할 타입, 즉 모범생이었다. 아빠의 기질을 많이 닮아 정리정돈을 잘하고 나름 철저한 구석도 있는 아이가 둘째다. 심각해 있을 때가 많고 자신의 생각은 잘 표현하지 않으며 타인의 눈치를 다소 살피긴 했지만, 시키는 일은 잘하고 공부도 열심히 했다. 게다가 완벽을 추구하는 경향이 있어 실수가 적은 아이여서 자연히 부모의 눈에는 말 잘 듣는 착한 아들로 보였고, 어릴 적부터 남다른 기대를 받았던 것이 사실이다.

게다가 말썽 피우는 첫째와 달리 순종적인 성격이었기에, '이 아이만은 잘 키워보겠다'는 부모의 욕심이 발동했다. 잘하는 놈에게 좀더 모자란 부분을 보완해줌으로써 완벽한 작품(?)을 만들고 싶다는 과욕이었을 것이다. 그래서 둘째에게는 "네가 정말 하고 싶은 일은 뭐니? 무엇이든지 도와줄게"라며 자주 꿈을 물어보곤 했다. 하지만 그때마다 둘째는 골치 아픈 질문을 한다고 면박만 주었다.

아들이 중학생이 되면서 차츰 문제가 생겼다. 처음에는 의욕적으로 열심히 공부했지만 어느 날부터 성적이 조금씩 내려가고 고민도 있는 것처럼 보였다. 중요한 것은 갈수록 의욕이 사라진다는 것 그리고 자신 역시 그런 상황들에 스트레스를 많이 받는다는 것이었다. 나중에 여행을 하면서 둘째가 그때의 속내를 털어놓았다.

"엄마 아빠께서 누나 문제로 항상 다투시고 힘들어하시니까 제 문제는 내놓을 엄두도 못 냈어요. 그러다보니 자꾸 분노가 쌓이는 느낌이 들었고요."

그런 둘째의 마음을 보듬어주지는 못할망정, 딸의 전철을 밟지 않게 하려고 강요 아닌 강요만 계속했으니……

여행을 하면서도 해결해야 할 문제가 발생하면 첫째와 막내는 적극적으로 나서는 반면, 둘째는 가장 소극적으로 상황을 지켜보거나 확실한 경우에만 나서는 경우가 많았다. 어떤 때는 본인보다 문제를 더 잘 해결하는 동생을 보고 스트레스를 받는 것 같기도 했다. 그렇게 항상 무난했지만 자신감이 부족했던 둘째는 여행중에 진짱한 자신의 모습을 발견하면서 조금씩 적극성을 보이기 시작했다.

여행을 하면서 아이들은 각자가 대륙을 정해서 담당 가이드를 하기로 했다. 아시아와 중동은 첫째가 맡았고, 아프리카와 미주는 둘째 그리고 유럽은 막내가 담당했다.

둘째가 맡았던 미국에 도착했을 때의 일이다. 다섯 명의 가족이 움직이려면 차를 렌트하여 캠핑장을 다니는 것이 훨씬 저렴할 것 같아서 차를 렌트하기로 했다. 멕시코에서 미국으로 오기 전 둘째는 렌터카 회사 사이트에 들어가서 검색을 하며 미리 준비하기 시작했다. 갑자기 닥치는 일에 대한 순발력은 부족하지만 미리 계획된 일에 대해서는 누구보다 철저히 준비하는 아이다웠다. LA 공항에 도착하여 렌터카를 인수받은 뒤 둘째에게 물었다.

"여기 공항에서 우리가 묵을 숙소까지는 어떻게 가면 되지?"

질문을 받은 둘째가 말했다.

"조금만 기다려보세요. 잠시 지도 좀 본 뒤에 말씀드릴게요."

지도를 보며 전체를 파악한 뒤 아이가 말했다.

"아빠, 여기에서 300미터 정도 직진하시다가 좌회전하세요. 그곳에서 다시 500미터 정도 가시면 고속도로 위로 올라가는 다리가 나올 거예요. 그 다리를 타고 가시다가 우회전하는 곳이 나오면 바로 다시 우회전하시고, (중략) 마지막 그곳 코너에서 좌회전하시면 중국인이 경영하는 모텔이 있어요. 아참! 패밀리 룸은 95불이에요."

신기한 것은 둘째가 안내한 대로 운전했더니 정말로 중국인이 경영하는 모텔에 정확히 도착했다.

"와아! 진짜 대단하다. 완전 인간 내비게이션이잖아!"

모두들 놀라며 칭찬하자 둘째는 부끄러워하면서도 지도 한 장을 보고서도 위치를 파악할 수 있는 자신의 능력에 스스로 놀라는 것 같았다.

점차 용기를 얻은 걸까. 둘째는 유럽에서도 자신의 기량을 마음껏 발휘했다. 유럽의 물가는 살인적인 데다 환율도 달러당 1,600원까지 올라 있던 상태라, 유럽에서의 첫 여행지인 영국에서 우리는 미국에서보다 더 작은 차를 렌트해야 했다. 그런데 문제가 생겼다. 짐이 트렁크에 다 실리지 않았던 것이다. 밥솥에 텐트, 양념통, 배낭 등 그동안 미국의 약간 큰 차에 실려 있던 짐들을 작은 차에 모두 싣는다는 것은 어림없는 일처럼 보였다. 그때 둘째가 의미심장하게 웃었다.

"큰 짐을 먼저 넣고, 작은 짐은 사이사이에 끼워 넣는 식으로 제가 다시 정리해볼게요. 좌석 밑에도 짐을 배치하면 될 것 같아요."

돌아가며 시도해봐도 도저히 닫히지 않던 트렁크가, 둘째의 손이 닿자 신기하게 쾅 하고 닫혔다.

"와, 정말 대단하다! 은택이는 공간 지각 능력이 정말 뛰어나구나."

아빠의 칭찬에 별것 아니라는 듯 웃으면서도 둘째의 어깨가 으쓱 올라갔다.

둘째는 자신이 경험하거나 미리 준비한 것에 대해서는 자신감 있게 대처한다는 특징이 있다. 첫째와 막내는 경험하지 않은 것도 경험한 사람보다 더 실감나게 말하는 경향이 있지만 둘째는 그러지를 못해서 소심하다고만 생각했는데, 순서를 밟아서 하나하나 경험하고 미리 준비하게 하면 충분히 잘할 수 있는 아이임을 알게 되었다. 그 후로 우리 부부는 여행하는 곳마다 둘째에게 새로운 것을 적극적으로 경험해보도록 유도했다. 이런 경험이 모이면 내공이 쌓인다고 하던가? 여행 후반부의 유럽에서부터는 둘째도 조금씩 협상에서 성공하기 시작했고, 본래의 철저한 성향에 덧붙여 협상력까지 발전하니 누구보다 뛰어난 문제 해결력을 발휘했다.

그리스 아테네에서 여섯 시간 동안 배를 타고 산토리니(Santorini)에 도착했을 때의 일이다. 배 안에서 긴 시간을 보낸 탓에 모두 녹다운이 되어 힘없이 배에서 내렸는데, 선착장 전체에는 게스트하우스의 주인들이 손님을 맞기 위해 나와 있었다. 각자에게 다가오는 주인들과 협상을 마친 여행객들이 한 팀 두 팀 떠나는데, 극도로 지쳐버린 우리 부부는 말할 힘조차 없어 구석에 주저앉아버렸다. 그때 둘째가 작전을 말했다.

"지금 이렇게 사람이 많을 때는 오히려 비싼 가격을 부를 거야. 사람들이 빠지고 난 뒤에 여유 있게 협상해보자."

무턱대고 도전하는 두 명보다 확실히 치밀했다.

"누가 보스입니까?"

한 아저씨가 우리 부부에게 시선을 고정한 채로 다가오며 물었다. 모든 것이 귀찮아진 우리는 힘없이 둘째를 가리켰다. 그러자 아저씨는 그때부터 둘째를 보스라고 부르며 자신의 호스텔을 소개하기 시작했고, 아저씨와 대화를 나누면서 둘째의 태도도 조금씩 변하기 시작했다. 평소에는 가격 등 협상이 필요한 문제면 다른 형제들에게 맡기곤 했는데, 정말 자신이 보스가 된 것처럼 상황을 이끌어갔던 것이다.

"우리는 이미 여기를 여행했던 친구에게 가격을 듣고 왔어요. 그리고 처음에 우리에게 좋은 가격을 제시한 아주머니가 계시는데 그분 숙소와 비교해보고 결정할게요."

그러자 아저씨가 말했다.

"헤이, 보스! 그러지 말고 그냥 우리 집으로 오세요. 정말 잘해드릴게요."

거의 모든 팀들이 떠나고 몇 사람만 남게 될 때까지도, 둘째는 서두르지 않고 계속 가격을 타협해나갔다. 그때 가장 먼저 우리에게 자신의 숙소로 가자고 했던 아주머니도 우리 옆으로 다가왔다. 우리 같으면 땀을 뻘뻘 흘리며 말하는 아저씨를 봐서라도 그냥 대충 정할 것 같은데, 꼼꼼한 둘째는 두 곳의 숙소 지도를 비교하며 살피기 시작했다.

"이상하다. 아까 분명히 바닷가 쪽의 숙소라고 하셨는데, 지도를 살펴보니 아닌 것 같은데요?"

아들의 말에 아저씨가 약간 당황해하며 말했다.

"실제로 대부분 바닷가 쪽은 비싼 호텔이고, 저희 같은 호스텔은 조금만 걸어가면 바닷가가 나오는 곳에 있습니다."

주인장의 답변을 들고 난 후, 두 곳의 지도를 한참 살피던 아들이 말했다.

"저, 죄송하지만 아주머니 숙소가 저희에겐 더 알맞은 것 같아요. 죄송합니다."

둘째의 말을 들은 아저씨는 의외로 환하게 웃으며 말했다.

"아, 그러세요? 괜찮습니다. 저희들은 항상 손님의 뜻에 따를 뿐이지요. 좋은 여행 되세요, 보스!"

이렇게 말하며 악수를 청하는 아저씨와 마지막까지 냉정하게 살피며 결정하는 둘째. 두 사람의 모습이 놀라워서 모두가 한참을 쳐다보던 끝에, 막내가 진심을 담아 둘째에게 말했다.

"형! 진짜 말 잘하더라. 나 같으면 그렇게 꼼꼼하게 살피지는 못했을 거야."

이래서 세상이 학교이고 여행이 공부인가보다.

이런 경험은 한국으로 돌아와서도 둘째가 행복하게 자신의 일을 찾아갈 수 있는 힘이 되었다. 자신의 적성에 맞는 기계설계를 공부할 때면 마

서로 다르다는 건 얼마나 아름다운 일인가요? 아이들 각각의 기질에 맞게 배우고 일할 수 있는 환경, 우리 아이의 '다름'이 그의 고유한 매력이 될 수 있는 사회. 부모들이 함께 만들어야 할 것입니다.

냥 재미있어하며 싱글벙글이다.

"엄마, 아빠! 신기하게 이해가 잘 돼요. 제가 잘하는 분야를 찾은 것 같아요."

아이는 자신의 적성에 맞는 부분을 찾음으로써 드디어 배움의 기쁨을 알게 되었다. 짜증만 내던 범생이가 행복하게 살아가게 된 비결은 바로 자신이 좋아하는 분야를 발견했음에 있었다.

까불이가
협상가로

"여행 경비를 달러로 바꿔두는 게 좋겠어요. 그래야 환율 변동이 있어도 손해를 안 볼 것 같으니까요."

여행을 준비하던 어느 날, 막내가 이런 제안을 했다. 겨우 중학교 1학년을 마친 아이가 달러 운운하는 것도 우습고, 당시 환율은 달러당 1,100원으로 안정적이었기 때문에 아이의 조언을 무시해버렸다.

"아빠, 보세요. 환율이 1,400원까지 올랐어요."

여행을 시작한 지 얼마 지나지 않아 필리핀에서부터 요동치기 시작한 환율은 우리가 아프리카에 도착했을 무렵에는 1,500원까지 올랐다. 막내는 부모를 원망 섞인 눈으로 바라보았고, 우리는 오르는 환율 때문에 스트레스를 잔뜩 받았다. 결국 1년 6개월의 여행을 마치고 난 뒤에 계산해보니, 환율 변동으로만 무려 3천만 원 정도에 해당하는 손해를 입었다는 결과가 나왔다. 겨우 중학생의 말이라고 대수롭지 않게 여겼던 대가치고는 너무 가혹했지만, 막내가 조금은 남다른 경제관념을 가졌음이 증명된 예

라 할 것이다. 이런 재능을 가진 막내였음에도, 여행에서는 격동의 사춘기를 힘겹게 넘겨야 했다.

여행 초반에 막내는 형과 누나로부터 따돌림을 당했다. 유달리 자기 주관이 강한 데다 어릴 적부터 막내라고 감싸주었던 것까지 겹쳐 때로는 막무가내인 면을 보였기 때문이다. 그럼에도 여행까지 와서 형제끼리 싸우는 모습에 우리 부부는 속이 상했다.

모든 것을 스스로 챙겨야 하는 것이 배낭여행인데도, 막내는 캠핑장에 도착하면 슬며시 사라지곤 했다. 누나와 형이 힘들게 텐트를 치기 시작한다 싶으면 슬쩍 화장지를 챙겨들고 사라졌다가 텐트가 완성될 때쯤 되어서야 룰루랄라 노래를 부르며 나타나는 등의 꼼수를 자주 부리다보니 눈총을 받는 것은 당연했다.

여행중에 세 아이는 각각 자신이 안내할 나라를 정하고 그에 맞춰 여행을 이끌었는데, 막내는 유럽을 담당하겠노라고 나섰다. 나중이 되어서야 알았지만 녀석이 유럽을 선택했던 이유인즉슨, 지도를 펼쳐 놓고 봤더니 다른 대륙에 비해 면적이 가장 작았기 때문이었단다. 하지만 자기 꾀에 자기가 넘어간 셈이라고나 할까? 중학교 1학년만 마치고 여행을 떠난 막내에게 유럽은 너무도 방대한 역사를 지닌 곳이었고, 덕분에 막내는 삐죽 내민 입으로 툴툴거리기 일쑤였다.

"아니, 면적은 이렇게 좁은데 나라는 왜 이리 많은 거야? 가봐야 할 곳은 또 왜 이렇게 많지?"

그 외에도 여행을 하면서 객관적으로 바라보니 막내에게는 다듬어야 할 부분이 많았다. 안티구아에서 스페인어 공부를 할 때의 일이었다. 학원에서 빌린 자전거를 타는 문제로 막내와 첫째 사이에 큰 싸움이 벌어졌다. 한국이었다면 시간이 없어서라도 대충 넘어갔겠지만 이번에는 전 가족이 몇 시간 동안 함께 고민했다. 옥신각신하던 막내가 갑자기 닭똥 같은 눈물을 흘리며 말했다.

"누나하고 형은 괜히 나만 미워하고, 서로 장난치다가도 나만 오면 무시하고……."

이에 누나가 적반하장이라는 듯이 항변했다.

"우리가 너를 무시한 게 아니라 네가 우리한테 너무 버릇없이 굴었잖아. 넌 솔직히 너한테 유리한 쪽으로만 행동한다고 생각하지 않니?"

끼니도 거른 채 몇 시간 동안 주거니 받거니 속내를 다 내놓고 얘기하던 아이들은 서로 울면서 화해를 했다. 형제간이기에 더 조심하고 배려해야 함을 배운 걸까? 시간이 흐를수록 막내는 자기 고집만 주장하던 태도를 버리고, 궂은일도 가족을 위해 자신이 하려는 모습을 보였다. 여행을 마치고 돌아온 뒤 아이들을 만난 손위사촌아이가 막내의 행동을 보더니 말했다.

"은찬이가 어른이 다 된 것 같네. 놀라울 정도로 남을 배려하는 청년이 되어버렸어."

여행을 통해 이런 태도를 익히기까지 본인도 힘은 들었겠지만, 참으로 값진 배움이었다는 마음이 든다.

그런데 여행중 등장한 막내의 적수가 한 명 더 있었으니, 바로 아빠였다. 일명 부자간의 결투라고나 할까? 매사 철저하게 준비해야 하는 아빠의 유전자는 하나도 없고, 무한긍정 하나로 돌진하는 엄마의 유전자만 물려받은 듯한 막내는 항상 대충대충 준비해놓고 큰소리만 뻥뻥 쳤다. 막내의 레퍼토리는 언제나 같았다.

"일단 가봐요. 가면 다 해결되게 되어 있어요."

이러니 매사를 철저히 준비해야 하는 아빠와 막내는 상극일 수밖에 없었다. 유럽 여행은 처음부터 끝까지 막내와 아빠의 투쟁사였다 해도 과언이 아니었다.

"아빠는 무조건 어른 말씀이니 수긍하라 하시지만, 이치에 안 맞는데 어떻게 그럴 수가 있냐고요?"

이런 아들의 항변에 왕꼼꼼이 아빠도 물러서지 않았다.

"네가 좀더 철저하게 준비하면 내가 왜 잔소리를 하겠니? 그러니까 이런 점을 배우란 말이잖아?"

아빠의 조언에 격동의 사춘기를 지나는 아들은 벌떡 일어서며 한마디 쏘아붙였다.

"왜 멀쩡히 잘 있는 사람을 데리고 나와서 이렇게 힘들게 하세요? 그랬으면 제대로 우리를 이해하려고 해보시든가요!"

한 치의 양보 없는 부자간의 설전을 나머지 세 명은 무관심한 듯 그저 바라보고만 있었다. 어느새 결투가 결코 나쁜 것만은 아니고, 아무리 싸움이 격렬하더라도 화해만 제대로 이루어진다면 서로에게 훨씬 소중한 기회라는 것쯤은 터득했기 때문이었다. 두 사람의 힘이 빠져 갈 때쯤 첫째가 중재에 나섰다.

"전에 제가 싸울 때도 '서로 안아주고 화해하라'고 하셨으니, 이제 두 분도 그렇게 하셔야겠죠?"

울다가 웃다가, 도대체 이런 걸 무슨 요지경이라고 해야 할까? 그렇게 두 남자의 설전은 뜨거운 포옹으로 마무리되었다.

그런 막내에게도 다른 사람이 따라잡을 수 없는 능력이 있었다. 이 녀석은 아마 말로 땅 따먹기를 하면 전 세계를 자기 것으로 만들지도 모르겠다. 다른 사람과 논쟁하고 협상해야 하는 상황이 생기면 신기하게도 녀석은 먹잇감을 노리는 하이에나처럼 눈에서 빛을 발하며 겁 없이 달려드는 경향이 있다. 여행 초반에 갔던 태국에서 게스트하우스를 보고온 녀석이 신이 나서 말했다.

"제가 10불을 깎은 덕분에 우리 가족 모두가 한 방에서 잘 수 있게 됐어요!"

내용인즉슨, 게스트하우스의 패밀리 룸에는 침대가 2인용짜리 두 개만 있어 한 방에서 네 명밖에 잘 수 없는 상황이었단다. 할 수 없이 돌아오려는데 갑자기 막내가 기발한 제안을 했단다.

"바닥에 그냥 매트만 하나 깔아주시고, 대신 1인 숙박비에서 10불을 깎아주세요."

덕분에 우리는 한 방에서 저렴하게 잘 수 있었다. 침대가 아닌 매트에서 자는 사람은 세 아이가 가위바위보로 정하기로 했는데, 그날은 막내가 걸렸는데도 뭐가 그리 좋은지 싱글벙글이었다. 협상에 뛰어들기를 좋아하고, 자신이 생각했던 결과를 얻으면 성취감을 느끼는 기질을 가진 아이처럼 보였다.

어른들에 대해서도 막내 녀석은 별로 거침이 없는 성격이다. 미국에서 우리 가족은 김 목사님의 배려로 그분 댁에서 묵었는데, 연세가 60세이신 목사님과 대화를 하면서도 막내는 때때로 자기주장을 굽히지 않는 대담함을 보였다. 그래서인지 목사님은 "나중에 은찬이가 미국으로 공부하러 온다면 우리 집에 와 있어도 된다. 내가 도와줄게"라고 말씀하기도 하셨다.

계산이 빠른 녀석은 우리가 미국을 떠나 유럽을 여행중이었던 어느 날, 목사님께 메일을 보냈다고 했다.

"우리 가족이 유럽에 올 때 목사님께서 양념이랑 반찬을 사주셨잖아요. 감사하기도 하고 우리 여행이 어떻게 되어가는지도 궁금해하실 것 같아서 안부메일을 드렸어요."

아무래도 이다음에 갈지도 모르는 미국 유학을 염두에 둔 꼼수처럼 보이기도 했지만, 평소 의리과 기질이 있다는 것을 알기에 이런 막내가 대견스러웠다.

"할아버지! 저랑 약속하신 대로 담배는 하루에 다섯 개비만 피우시는 거예요?"

"엄마, 아빠! 저희 없어도 식사 잘 챙겨드세요. 약속하시는 거죠?"

어느새 훌쩍 자란 막내는 쑥쑥 커버린 키만큼이나 사람을 위로하고 격려하는 마음도 한층 넓고 깊어졌다. 고집불통이었던 철부지가 주변을 위로할 줄 아는 사려 깊음을 배워가고 있다니, 자다가 깨서 생각해도 허허 웃음이 나올 일이다.

부모의
  변신은
무죄

"아이들은 이해할 수 있지만, 우리 집의 '이 인간'만큼은 도저히 이해할 수가 없어요."

매주 부모 코칭에서 성공적인 의사소통법을 연습하다보면 꼭 이런 하소연이 나온다. 남편을 '이 인간'이라고 지칭하는 사십대 후반의 엄마 말에 동의하듯, 다른 젊은 엄마 한 분도 한마디 거든다.

"정말 맞아요. 둘이서만 살 때는 몰랐는데, 아이가 생기고 나니 생각하는 게 너무나 다르다는 걸 알게 되었어요. 다른 집은 네 살짜리 아이도 한글을 읽는다고 하니, 저도 제 아이에게 한글을 가르치는 게 정상 아닌가요? 그런데 그걸 두고 저더러 극성이라며 나무라지 뭐예요."

마치 각자의 '이 인간'에 대한 성토대회장 같다. 이와 비슷한 현상이 부모 자식 간에도 나타난다. 청소년을 상담했을 때의 일이다. 부모에 대해 물었을 때 아이들은 어른이 생각지도 못한 표현들을 사용했다.

"아빠가 아니라 '찌질이'예요."

"한마디로 말하면 재수 없어요."

"완전 꼰대라 할 수 있죠."

중학생이 자신의 부모를 찌질이, 꼰대, 재수 없는 사람으로 표현하는 것이나, 아내가 남편을 '이 인간'으로 표현하는 것은 비록 대상은 다르지만 동일한 상황으로 보인다.

우리가 깜짝 놀라거나 힘들어 울 때 자신도 모르게 입에서 나오는 소리는 '엄마'다. 어릴 적에는 어떠한가? 엄마라는 존재가 잠시만 보이지 않아도 두려워서 "으앙!" 하며 울음을 터뜨리고 만다. 그뿐인가? 밖에서 놀다가 억울한 일을 당하면 "우리 엄마한테 다 이를 거야!"라며 집으로 막 뛰어간다. 항상 내 편이 되어주는 엄마에게 말하면 모든 것이 해결될 것이라고 믿는 마음 때문일 것이다.

이런 존재였던 부모가 어느 날부터 아이에게 서서히 멀리하고 싶은 찌질이가 되는 이유는 무엇일까? 돌변한 아이들의 모습에 부모들은 한숨을 쉬다가, 싸워보기도 하다가, 어느 날부터는 두려워하며 어찌할 바를 몰라 한다.

"요즘 아이들은 도대체 이해할 수가 없어요!"

"부모 노릇을 어떻게 해야 하나요? 정말 너무나 자신이 없어요."

이런 상황이 되면 아이들도 부모와 함께하는 시간을 극도로 꺼린다. 부모 모두 외출이라도 할라치면 은근히 반기며 "걱정 말고 다녀오세요. 잘하고 있을게요"라는 말을 연발한다. 그리고 부모가 현관문을 닫는 순간 진정한 자유를 찾은 듯 입가에 미소를 띠운다. 또 무슨 비밀은 그렇게 많은지, 궁금해서 가끔 물어보려 해도 "엄마는 몰라도 돼요"라는 대답만 듣기 일쑤다.

부르기만 해도 힘이 나던 구원자에서 눈앞에서 안 보이면 좋아라 하는 꼰대로 부모가 전락한 이유는 대체 무엇일까? 우리 집의 과거 모습을 보면 바로 답이 나온다.

"자, 지금부터 이 표를 잘 봐라. 이건 너희들에게 용돈을 줄 계획표란다. 아침에 일어나서 이불을 개면 300원, 엄마 도와서 청소하면 200원……. 알았지?"

흐뭇한 표정으로 자신이 만든 표를 벽에 탁탁 붙이는 아빠를 향해 아이들은 기어들어가는 목소리로 대답했다.

"네, 아빠……."

자발성이 결여된 힘없는 대답처럼, 아이들은 사흘도 가지 않아 그런 계획표는 처음부터 없었던 것처럼 행동했다. 며칠 뒤, 계획표 앞에서 아빠가 씩씩거리기 시작했다.

"어떻게 이렇게 완벽한 계획을 짜줬는데도 제대로 지키는 녀석이 없냐?"

고개를 푹 숙인 아이들은 원망스러운 눈길로 힐끔힐끔 아빠를 쳐다보며 속으로 외쳤다.

'우리가 그렇게 정했냐고요? 아빠 혼자 다 정한 거면서.'

게다가 엄마는 아빠를 지지하기는커녕 엉뚱한 방향으로 아이들을 달래곤 했다.

"그까짓 청소 좀 안 해도 돼. 내일이 시험인데 청소는 무슨 청소니? 너희는 무조건 방에 들어가서 공부만 하면 돼. 알았지? 너희 아빠는 도대체 세상이 어떻게 돌아가는지를 몰라요."

이러다보니 부부는 자신의 교육관이 더 좋다며 서로를 향해 목소리를 높였다.

"공부만 하면 다 되는 줄 알아? 자기 일은 스스로들 해야지. 정리도 못하는 애들이 공부는 해서 뭐해?"

계획과 질서를 따지는 아빠의 말을 그냥 듣고 있을 엄마가 아니었다.

"다른 집에 좀 가봐요. 애들 학원 시간 맞춰서 차로 다 태워다줘요. 손톱도 깎아주고요! 그렇게 신경을 써도 될까 말까 하는데 그까짓 청소가 무슨 대수라는 거예요?"

이런 엄마 아빠를 향해 아이들은 마음속으로 소리를 질렀을 것이다.

'도대체 왜 우리 문제를 가지고 자기들끼리 난리야? 정말 재수 없어! 찌질이가 따로 없다니까!'

그러나 아이들뿐만 아니라 우리 부부 역시 여행을 하면서 변신에 변신을 거듭했다. 545일 동안 길 위에서 몸과 마음의 대변혁을 겪으면서 아이들만큼이나 부모도 정신을 차리기 시작한 것이다. 무엇보다 중요한 것은 아빠가 바뀌기 시작했다는 점이었다. 여행을 떠나기 전까지 아빠는 엄마에 대해서도 뭐가 그리 잘났는지 항상 심판관 노릇을 하곤 했다.

"별 문제도 아닌 걸 갖고 수선 떨기는. 당신이 그러니 애들이 중심을 못잡는 거야."

아이들 문제를 의논하려 했던 것이었는데 아빠에게서 이런 핀잔만 듣게 된 엄마는 배신감이 생겨 분노에 찬 목소리로 외쳤다.

"내가 다시 당신하고 의논하나봐요! 하여튼 꼭 자기만 옳지! 자기만 옳아!"

대화가 이런 식이니 아이 문제는 부부 문제로 번졌고, 서로 감정이 상할 수밖에 없었다. 그런데 그런 심판관이던 아빠가 여행을 하면서 팔랑귀로 변하기 시작했다. 여행한 지 6개월쯤 지나자 아빠는 놀라운 법칙이라도 발견한 듯 엄마에게 말했다.

"당신이 이것저것 불만을 말하는 건, 나더러 해결해달라는 것이 아니라 그냥 들어달라는 뜻인 거지?"

아빠의 말에 엄마는 화들짝 놀라며 확인 질문을 했다.

"아니? 당신이 내 맘을 어떻게 알게 됐어요? 그래요. 그게 내가 정말 바라는 거였어요."

"응! 당신과 6개월 동안 하루종일 붙어 있다보니까, 당신은 당신의 말을 들어주기만 하면 나중에 저절로 마음이 풀린다는 것을 알게 됐어. 그런 줄도 모르고 난 항상 해결책을 고민하느라 당신 말을 심각하게만 받아들였던 것 같아."

그런 대화를 나눈 뒤부터, 팔랑귀를 가진 아빠는 무조건 엄마 편이 되어주었다.

"정말 속상해 죽겠어요. 애들이 제대로 하는 게 없어요."

"어떤 녀석이 당신을 그렇게 힘들게 했을까? 엄마 노릇 하기 힘들지?"

남편에게 붙였던 '이 인간'이라는 딱지가 떨어지는 순간이었다. 엄마는 서서히 아이들에 관한 일을 아빠와 부담 없이 의논하게 되었다.

"아이가 물건을 사달라고 하는데, 당신 생각은 어때요?"

부모는 세상에서 가장 중요한 '가족'이라는 그룹의 회장이고, 자식들은 기업을 이어갈 '계열사'라고 했던가? 엄마와 아빠가 똘똘 뭉치자, 계열사 격인 아이들은 눈치보기 작전에서 벗어나 안정감을 찾기 시작했다. 그룹의 리더인 회장이 흔들리면 계열사는 더 불안에 떨고 휘청댈 수밖에 없다. 그와 반대로 회장이 안정감을 가지면 밑에 있는 계열사는 더 열심히 일하게 될 것이다. 그러니 가족 기업의 회장인 부모가 한마음이 되는 것은 계열사인 아이들을 잘 키울 수 있는 첫번째 비결인 셈이다.

여행을 통해 그간의 상처가 회복되면서 한마음으로 똘똘 뭉친 우리 부부의 변신은 귀국 후에도 계속 이어졌다.

"애들아. 세 명 모두 검정고시에 대해 알아보고 각자 알아서 준비하렴. 혹 도울 일 있으면 말해주고."

무엇보다 엄마가 이 냉정한 한마디로 엄마 역할에 마침표를 찍었다는 것은 대단한 변신이었다. 물론 세 아이가 교육청에 전화해보고, 학원을 알아보고, 검정고시 원서를 작성한다고 바삐 움직이는 것을 옆에서 바라보며 다시금 불안해졌던 것은 사실이다. 모든 것을 완벽하게 챙겨줘야만 안심할 수 있었던 예전의 습관이 되살아나려 했기 때문이다. 그러나 웬걸? 아이들은 엄마가 챙겨주지 않아도 하나하나 해결해나갔다. 그때서야 엄마는 가슴을 쓸어내리며 말했다.

"애들은 정말 많이 자랐는데, 나는 아직도 더 변해야 하는 거구나."

하루는 세 명이 의논을 했는지, 우리 부부에게 가족회의를 하자고 제안해왔다. 신기했다. 예전에는 부모가 가족회의를 하자고 하면 도망칠 핑계만 찾던 아이들이 먼저 제안을 하다니. 중학교 1학년만 마치고 여행을 나갔던 막내가 자신의 중졸 검정고시에 대한 의견을 내놓았다.

"저희들이 검정고시를 알아봤는데요, 저는 학원에 다닐 필요 없이 책만 한 권 사서 공부하면 될 것 같아요. 누나랑 형이 있으니까요."

고졸 검정고시를 치러야 하는 두 명의 계획은 첫째가 설명했다.

"학원을 다니면 학원비도 세 명 모두가 내야 하니 비경제적이에요. 그래서 한 명의 아이디로 인터넷 강의 사이트에 가입하고, 시간을 달리해서 같아이들만을 변화시키려 애쓰지 마세요. 변화의 대상은 우리 아이들이 아닐지도 모릅니다. 부모가 변해야 아이가 변합니다. 부모가 웃으면 아이도 한 번 더 웃고, 부모가 팔을 벌리면 아이는 따뜻한 품을 나누어줄 것입니다.

이 공부하기로 했어요."

둘째가 첫째의 말을 거들며 나머지 보충 설명을 했다.

"고졸 검정고시 합격할 때까지 인터넷 강의를 수강하게 해준다는 곳이 있어서 그곳을 통해 공부하려고 해요. 은찬이가 제일 어리니까 은찬이 이름으로 가입하면 저희 세 명 모두가 공부할 수 있겠더라고요."

이곳저곳 엄청나게 알아봤는지, 세 녀석은 경제적인 면까지 고려한 계획을 말해주었다. 그렇게 계획을 세워 학습해 나가던 어느 날, 중학교 졸업 검정고시를 준비하던 막내가 자기 머리를 쥐어박으며 하소연을 했다.

"이놈의 수학은 왜 이렇게 어려운 거야. 형! 누나! 이것 좀 가르쳐줘!"

동병상련의 마음으로 또 세 아이들은 붙어 앉아서 문제를 풀기 시작했다.

"집에서는 공부가 잘 안 되네요. 내일부터는 독서실에 가야겠어요."

한참 도서관을 검색하던 녀석들은 '독서실은 돈을 내야 하지만 새마을 금고에서 운영하는 도서관은 무료이니 그곳에 가겠다'며 도시락을 싸달라고 했다. 예전에 공부한답시고 독서실에 등록해놓고서도 돈 아까운 줄 모르고 친구랑 놀러만 다니던 녀석들의 행각은 어느새 추억이 되어버렸다. 여행하면서 경비를 절약하기 위해 짠돌이가 되어야 했던 경험 덕분에 아이들은 제대로 된 경제관념을 갖게 된 것이다. 세 녀석은 엄마가 싸준 도시락을 들고 가까운 무료 도서관에 걸어다니며 공부하기 시작했다. 집을 나서는 아이들을 배웅하는 우리 부부에게 딸이 웃으며 넋두리를 했다.

"뭔가 역전된 것 같아요. 엄마 아빠 두 분은 한가한 백조가 되신 것 같고, 우리는 이렇게 바빠졌으니……."

아이들이 사라진 집에서 우리 부부는 웃으며 말했다.

"애들이 참 신기하지 않아요? 가만히 내버려두니 더 잘하는 것 같아요."

"이젠 서서히 주도권을 넘겨줘야지. 어차피 자기 인생은 자기가 살아야 하는 거니까."

드디어 시험일이 되었다. 막내는 중졸 검정고시를 치르러 가고, 두 명은 고졸 검정고시를 절반만 치르기로 했다. 예전에는 시험이 끝나는 날이면 무슨 벼슬이라도 얻은 것처럼 '스트레스 풀러 가야 한다'며 돈 내놓으라던 아이들이었는데, 시험을 마치고 와서도 그런 유세는 떨지 않았다. 막내는 중졸, 두 명은 절반의 고졸 과목을 통과했고, 4개월 뒤에는 세 녀석 모두 고졸 검정고시에 도전해서 통과했다. 4개월 사이에 중학교 졸업자에서 고등학교 졸업자로 등극한 막내가 "휴우~" 하고 한숨을 쉬며 말했다.

"전에는 부모님이나 선생님이 시키시는 대로만 하면 됐는데, 이거 내 인생 내가 살려고 하니까 정말 힘들다, 힘들어요."

막내의 하소연에 공감 100퍼센트의 표정을 짓던 두 명의 아이들! 녀석들의 모습을 보며 안쓰러운 마음과 흐뭇함이 교차했다.

"오늘은 너무 늦었다. 그냥 근처 친구 집에서 자고 오면 안 될까?"

딸에게서 출발이 늦어졌다는 연락이 왔다. 차라리 안전을 위해 친구 집에서 자라고 하는데도, 딸은 꼭 집으로 와야 하는 이유가 있단다.

"내일 아침에 엄마 아빠와 꼭 의논하고 싶은 일이 있어서요. 내일까지 결정을 해야 하는 일이라……. 그러니 내일 아침에 꼭 저랑 얘기 좀 나눠요."

밤늦은 시간에 귀가하는 딸을 위해 지하철 입구까지 마중을 가면서도 딸이 했던 말에 가슴이 뭉클해졌다.

'그래, 된 거야. 이십대의 딸이 자기의 고민을 허물없이 부모에게 내놓고 의논하자고 한다면 그래도 부모 역할을 조금은 제대로 하고 있다는 뜻이겠지?'

도끼눈으로 부모를 노려보던 예전 전성기(?) 시절의 딸아이 모습이 떠올라 지하철 입구로 가는 내내 웃음이 킥킥 나오면서도, 한편으로는 괜히 감동스러워 코끝이 찡해지기도 했다. 아이들만 자라는가? 부모는 더 많이, 더 열심히 자라야 하는 존재임을 아이들이 커갈수록 절실히 느끼는 요즘이다. 쉽지는 않지만 부모의 변신은 무죄이고 아름답다.

아빠,
똑같아요!

"아빠, 정말 똑같아요. 똑같아! 진짜 신기하다!"

누가 먼저랄 것도 없이 세 아이가 적성검사 결과지를 들고 큰 소리로 외치며 현관문을 열고 들어왔다.

"뭐가 어떻게 나왔는데 그러니?"

테이블에 둘러앉아 한 명씩 자신의 결과를 설명하는데, 이미 절반쯤은 전문가가 된 듯 보였다.

"저는 여행 때 발견한 대로 인간 친화 지능이 높고요⋯⋯."

첫째가 자신에 관한 내용을 설명하기 시작하자, 둘째가 기다렸다는 듯이 말했다.

"저는 역시 인간 내비게이션답게 멋진 결과가 나왔어요."

누나와 형에 질세라 막내도 자신에 대해 이야기한다.

"어허! 장차 전 세계를 누비며 다닐 CEO가 여기 있다니까요."

아이들이 가져온 결과지는 노동부 고용안정지원센터 청년 취업 프로젝트에 참가하여 흥미 적성 검사를 거친 뒤 받은 것이었다. 검정고시를 마친 뒤 졸지에 고졸 동기생이 된 세 아이는 대학 진학 문제를 두고 가졌던 가족회의에서, '먼저 적성에 맞는 일을 해보고 되도록 자신의 힘으로 자기 길을 만들어보겠다'는 결론을 내렸다. 그래서 첫번째 단계로 각자의 적성이 무엇인지를 알아보기 위해 고용안정지원센터에서 검사를 받았는데, 덕분에 자신의 특성을 정확히 알게된 것이다. "똑같아요!"라는 아이들의 외침은 여행을 다니면서 깨달았던 자신의 모습과 검사 결과가 너무도 일치하는 것에 대한 놀라움의 표시였다. 세 명의 결과지를 들여다보던 첫째가 우리에게 질문을 던졌다.

　"결과지를 보면 우리는 적성이 모두 다른데, 저희들이 어렸을 때에도 이렇게 제각각이었나요?"

　"그러고보니 사람은 태어날 때부터 저마다 특성이 있는 것 같아. 너희 어렸을 적을 생각해보니 각자가 달랐던 것 같거든."

　엄마의 설명에 아이들은 추억 여행을 떠나듯 자신들의 이야기를 듣고 싶어 했다.

　"우리 딸은 어릴 적부터 사람을 좋아했어. 초등학교 때부터 친구 고민을 들어주고 상담해줄 정도였으니까 말이야."

　막내가 한마디 거들었다.

　"엄마 말씀이 맞아! 누나는 생일파티를 할 때도 친구들이 많이 왔던 것 같아. 완전 마당발이었어."

　엄마의 추억담에 딸은 생소한 듯 재차 물었다.

　"제가 그랬나요? 그런 부분은 잘 생각이 안 나지만 요리사, 상담사, 스튜어디스, 봉사자, 교사 등등 하고 싶은 게 참 많았다는 건 기억나요. 장래희망이 아마 열두 번도 더 바뀌었지요?"

둘째도 자신의 모습은 어땠는지 궁금한 듯 아빠를 쳐다보았다.

"은택아, 솔직히 아빠는 너를 보면 위안이 된단다. 그래도 세 명 중 아빠의 꼼꼼함을 조금은 갖고 있는 너니까 말이야. 넌 곤충대장이었어."

아빠의 설명에 막내가 또 거들었다.

"맞아요! 맞아! 집에 꿀만 있으면 형이 그걸 들고 산으로 가서 장수벌레를 잡아다주던 기억이 나요. 근데 형은 옷을 벗어도 단정히 벗는데, 전 아무리 해도 그게 잘 안 되는 게 신기해요."

같은 방을 사용하던 두 녀석이 정리정돈 문제로 티격태격 싸우던 모습이 생각나서 모두 웃음을 터뜨렸다. 둘째는 정리정돈을 잘하고 곤충에 관심이 많았으며 시계 같은 기계를 만지작거리다가 결국은 분해까지 해봐야 직성이 풀리는 아이였다. 드디어 막내 차례가 되자 녀석이 뭔가 심상치 않은 눈빛으로 아빠를 쳐다보며 말했다.

"전 아빠한테 또박또박 대들다가 맞은 기억이 나요. 전 진짜 이유가 알고 싶어서 여쭤봤던 건데 아빠는 버릇없다고 저를 야단치셨지요?"

막내의 항변에 민망한 듯 아빠의 변명이 이어졌다.

"지금 생각하면 아빠의 이해력이 부족했던 거지. 너는 도전적이고 진취적인 성격인데 아빠라는 사람이 무조건 자기 방식대로 억누르려고만 했으니. 그래도 이렇게 잘 자라줘서 고맙다, 아들!"

은근슬쩍 사과의 뜻을 내비치는 아빠를 향해 호탕한 사나이 막내가 말했다.

"아니에요. 여행하면서 아빠 기질을 알게 되니까 저도 아빠를 이해할 수 있었어요. 솔직히 저는 학교 다닐 때도 규칙만 강요하는 선생님들 때문에 참 힘들었거든요."

막내의 아픈 과거를 들으며 엄마의 하소연이 이어졌다.

"그래, 맞아. 네가 초등학교 때 '담임선생님을 이해할 수 없다'며 갑자기 공부도 안 하고 일기도 안 쓰겠다고 하고, 글씨도 엉망으로 써버렸던 적이 있었지?"

초등학교 때의 아픈 기억이 생각나는지 막내가 정곡을 찌르는 한마디를 내뱉었다.

"제 생각에 학교 선생님들은 대부분 모범생 출신이라서 안 좋은 것 같아요. 아이들은 모두 다른 것이 정상인데, 선생님이 정한 대로 따르는 것만 무조건 옳다고 하시니 지금도 그런 생각을 하면 화가 나요."

'아이들은 모두 다른 것이 정상'이라는 막내의 말이 어쩌면 진정한 진로 교육의 출발점이라 할 것이다. 기질, 관심 분야, 적성, 재능, 흥미, 잘하는 일 등이 같은 사람은 거의 없다. 이렇게 다를 수밖에 없는 아이들이기에 무엇이 어떻게 다른가를 정확히 파악하는 것은 중요하다. 즉, 남들과 다른 특성을 먼저 알고 그에 맞춰 자신의 진로를 열어 가게 하는 것이 교육에서 필요한 부분이라 할 수 있다.

한 아이가 가진 특성을 깨닫는 데 있어 중요한 것은 부모의 주관적인 관찰 정보다. 즉, 우리가 아이들과 함께 나누었던 대화 내용처럼, 어릴 적부터 부모가 자녀의 특성을 세밀하게 파악하는 것이다. 주관적인 정보는 부모가 아이를 양육하는 과정에서 지속적인 관찰을 통해 얻어지는 것이기에 다른 어떤 교육 자료보다 중요하고 아이들의 진로를 정하는 데 도움이 된다.

그런 주관적인 정보에 확신을 더해주는 것이 객관적인 자료다. 우리 아이들이 고용안정지원센터에서 받아온 검사 결과지가 객관적 자료의 예에 해당하는데, 이런 자료는 지금까지 수많은 통계수치와 연구를 거쳐 확립된 것이기에 충분히 신뢰할 만하고 활용 가치 또한 높다.

옆집 아줌마, 주변 사람, 한국 사회의 흐름, 교육당국이나 입시정책 등에 흔들리지 않고, 내 아이만을 위한 맞춤식 진로를 만들어 갈 수 있는 비결은 바로 이 두 가지에 있다. 즉, 부모의 주관적 관찰 자료와 객관적 검사 자료가 일치하는 점을 찾아서 아이의 진로 방향을 잡아야 하는 것이다. 아이 자신이 하고 싶어 하고, 잘할 수 있으며, 흥미와 관심을 가지고 있는 분야를 찾아주는 것. 이것이 제대로 이루어지면 아이에게 동기가 부여되고, 아이 내면에 잠재되어 있던 능력이 발휘되며, 과정이 버겁더라도 견뎌내는 힘이 생긴다.

사실 대학에 바로 진학하지 않고 적성에 맞는 일부터 해보겠다는 아이들의 결정을 처음부터 우리 부부가 쉽게 받아들였던 것은 아니다. 우리 역시 미국에서부터 아이들과 의논하기 시작했고, 한국에 돌아와서도 수시로 정보를 검색하고 교환하며 가족회의도 수차례 가졌다. 그러나 무엇보다 주관적 자료와 객관적 자료가 일치했을 때, 자신이 남과 같은 길을 가지 않는다는 사실에도 별로 불안해하지 않는 아이들을 볼 수 있었다.

 부모의 눈에 이상異常한 행동이 훗날 그 아이의 이상理想일 수도 있습니다. 멀쩡한 물건을 분해한다고, 밤새워 그림을 그린다고 해서 혼내지 마세요. 모든 행동 속에 우리 아이들 고유의 기질들이 숨어 있답니다.

얼마 전 무기력 및 학습의욕 부진이라는 문제로 찾아온 학생이 있어, 부모님과 함께 몇 주에 걸쳐 아이의 기질-진로-학습 분야를 상담했다. 먼저 기질 검사를 통해 부모와 자녀 사이의 소통 문제를 다루었는데, 각자의 기질이 다른 탓에 빚어진 오해가 많았다는 사실을 인식하자 아이와 부모가 서로를 바라보는 눈빛도 조금씩 편안해졌다.

"아이는 자신의 기질대로 행동했던 것인데, 저는 제 기준에서 문제라고 파악했었군요."

아버지의 고백을 들은 아들이 조금은 자신감을 얻은 듯 본인의 속내를 털어놓았다.

"전 아버지께서 저를 미워하셔서 작정하고 괴롭히는 줄 알았어요. 그런데 아버지의 기질에서는 그런 표현 방식을 쓴다는 것을 알게 되니, 마음이 편해지네요."

다음으로 아이가 잘할 수 있는 분야가 무엇인지를 찾는 진로 탐색 작업을 했다. 공부라는 한 가지 잣대로만 평가받아 못난이 취급을 당하던 아이는 자신도 잘할 수 있는 분야가 있다는 것을 알게 되자 마음과 말문 모두를 열었다. 이런 아이의 모습에 어머니께서 감격한 듯 말씀하셨다.

"선생님, 상담 후에 아이가 스스로 공부하려고 해서 얼마나 기쁜지 모르겠어요."

울먹이며 말씀하시는 어머니의 뒤를 이어 아버지께서 말씀하셨다.

"저는 아들하고 몇 년 만에 외식을 했다는 게 더 좋습니다."

첫날에는 한마디 말도 없이 부모와 눈도 마주치지 않던 아이가 몇 차례의 상담을 통해 학습에 대한 의욕까지 보이니 부모님께서 기뻐하시는 것도 무리는 아니었다.

"선생님께서 '반드시 부모와 아이가 같이 와야 한다'고 말씀하셨던 이유를 이제야 알 것 같습니다. 정말이지 아이를 학원에 보내는 것보다 더 중요한 것이 아이가 잘하는 걸 찾아주는 것이란 사실도 마음 깊이 깨달았어요."

어머니의 말에 이어 아버지께서는 더 중요한 말씀을 하셨다.

"무엇보다 부모가 먼저 아이들과 소통하기 위해 노력해야 한다는 것을 배웠습니다. 자식을 사랑하는 마음을 엉터리로 표현했으니, 아이들이 부모를 믿지 못했던 것도 당연한 것 같아요."

내 아이와 눈을 마주치며 환한 미소를 나누고 싶은 것은 모든 부모의 소망일 것이다. 아이도 부모도 사랑하는 마음이 서로에게 제대로 전달될 수 있는 진정한 소통을 간절히 바란다. 그러나 그것은 부모와 자녀의 기질이 서로 다름을 인정하고 상대의 부족한 점을 보완해주기 시작할 때 가능해진다. 아이의 기질을 알고 아이의 마음을 깨뜨리지 않는 것! 아이와 부모 모두가 행복한 내일을 꿈꿀 수 있는 시작점이다.

4장

남들과
다른 길 만들기

자녀독립 프로젝트 2단계: 적성에 맞는 자격증 취득하기

대학 갈까,
일을
시작할까?

요즘 베이비부머에 대한 우려섞인 보도를 자주 접하게 된다. 전쟁 이후인 1955~1963년 사이에 태어나 한국경제 발전의 견인차 역할을 했던 베이비부머 세대는 이제 자의든 타의든 조기 은퇴를 할 수밖에 없는 상황을 맞이했고, '사오정(45세가 정년)'이라는 자조 섞인 유행어의 주인공들이 되었다. 정신도 몸도 멀쩡한데 현역에서 물러나야 한다는 사실은 누구보다 열심히 살아온 베이비부머 세대에게는 가혹한 저주와도 같다.

베이비부머 세대의 자녀 세대를 '에코(메아리) 세대'라고 한다. 에코 세대는 1979~1992년 사이에 태어난 세대로, 전쟁 후 있었던 대량 출산(베이비붐)이라는 사회 현상이 수십 년 후 베이비부머 2세들의 출생 붐이라는 또다른 메아리를 만들었다고 해서 붙은 명칭이다.

이 두 세대가 부모 자식 간이 되었지만 둘다 앞으로 뭘 먹고 살까에 대한 고민을 하고 있다. 삼성경제연구소의 발표에 의하면 베이비부머 세대들은 앞으로 두세 번 정도, 그 자녀들인 에코 세대는 무려 10~14회 정도에 걸쳐 직업을 바꿔야 한다고 한다. 부모와 자녀가 함께 나이를 먹고 함께 직업을 여러 번 바꿔야 하는 시대에 살아가야 함을 생각할 때, 우리 부모들이 아이들의 교육에 있어서 중요하게 고민해야 할 점은 무엇일까?

세계일주를 마치고 한국으로 돌아왔을 당시의 가장 큰 고민은 아이들의 진로였다. 고등학교 1학년과 3학년 그리고 대학교 1학년 나이가 되는 세 아이가 새 학기를 시작하기 전에 결론을 봐야 해서 여러 번 가족회의를 했다. 여러 차례 가족회의를 거듭해오는 동안 둘째는 어느 정도 마음을 정한 듯 자신의 뜻을 나타냈다.

"일단은 저희 힘으로 일부터 해보고, 필요하면 그때 공부를 더 하는 편이 좋을 것 같아요."

확고한 둘째의 태도에 그래도 미련이 남는지 첫째가 머뭇거리며 말했다.

"제 친구들은 대부분 대학생이라 친구들이 부러운 마음도 조금은 있어요."

왜 아니겠는가? 모두들 당연히 가야 한다고 생각하는 대학인데…….
이때 항상 계산이 빠른 막내가 말했다.

"솔직히 부모님의 퇴직금 대부분을 여행 경비로 사용했으니 이제 저희들의 앞길은 저희 힘으로 해결하는 게 맞다고 봐요."

동생들의 얘기를 듣고 있던 첫째는 아쉬움을 감추지 못하면서도 동의하는 멘트를 날렸다.

"사실 친구들을 만나보니, 대학에 가서도 여전히 자기가 뭘 하고 싶은지, 왜 공부하는지에 대해 고민하는 경우가 많았어요. 저희는 이미 그런 부분을 찾았으니 제대로 해 나가기만 한다면 오히려 더 나을 것 같아요."

일반적으로 시도하지 않았던 방법을 택하려고 하니, 아이들도 부모인 우리도 결론을 내리기가 쉽지 않았다. 그럼에도 아이들이 대학에 바로 진학하지 않고 먼저 일부터 해보기로 한 이유는, 대략적이기는 해도 자신이 하고 싶은 일을 찾았기 때문이다. 일을 하다가 진정으로 학업의 필요성을 느낄 때 공부를 시작하는 것도 나쁘지 않아 보였고, 나아가야 할 방향을 바라보고 여러 시도들을 하다보면 그 어떤 시도도 헛되지 않으리라는 마음도 들었다.

아이들이 말한 '자기가 뭘 하고 싶은지'를 다른 말로 표현하면 평생을 걸쳐 자신이 가장 하고 싶은 어떤 분야 즉, 적성과 흥미라 할 것이다. 생애 진로 목표의 수립은 이 부분을 찾았을 때 비로소 가능해진다. 100세 가까이 살면서 10~14회 가량 직업을 바꿔야 하는 지금의 아이들에게 있어 전 생애에 걸쳐 하고 싶은 목표의 방향을 정하는 것은 어느 세대보다 중요한 과제라 할 수 있다. 다시 말해 생애 진로 목표란 '이거다!' 하며 한 가지 직업을 정하는 것이 아니라, '내가 관심이 있고 잘할 수 있는 분야의 일과 더불어 그 일을 하고자 하는 이유를 찾는 것'이라 하겠다.

"전 이다음에 미국이나 남미에 가서 '토털케어센터'를 열고 싶어요."

여행을 통해 첫째가 가지게 된 포부다. 대인관계지능, 언어지능 그리고 신체지능이 뛰어난 데다 남을 돕는 것을 좋아하고 미지의 세계를 두려워하지 않는 기질 등이 연결되어 정하게 된 것이다.

"한국은 지나치게 외모지상주의가 강한 반면, 미국이나 남미에서는 외모보다 건강상의 문제를 더 심각하게 다루더라고요. 저는 이런 두 부분의 관리를 도울 수 있는 건강하고 색다른 케어센터를 만들어서 일하고 싶어요."

둘째도 조심스럽게 자신의 계획을 말했다.

"언제부턴가 우리나라에서 이공계 기피 현상이 생겼다는 얘기를 들었어요. 하지만 저는 기계설계를 배워서 나중에 남미나 아프리카에 기술학교를 세우고 싶어요. 제대로 된 공장은 물론 생산할 물품조차 없어 가난하게 살던 아프리카 사람들이 아직도 눈에 선해요. 그 사람들이 가난에서 벗어나려면 기술학교가 절대적으로 필요하다고 생각해요."

형의 말을 이어 막내가 마치 자신이 기업가가 된 듯 흥분하며 말했다.

"전 새로운 분야에 대한 도전과 협상이 재미있어요. 세계 어디를 가도 별로 두렵지 않을 것 같고요. 그래서 저는 세계를 돌아다니며 사업을 하고 싶어요."

막내의 말을 들은 아빠가 질문을 던졌다.

"그렇다면 어떤 분야의 사업을 할지에 대해서는 생각해봤니?"

아빠의 질문에 막내가 웃음을 터뜨렸다.

"아빠, 너무 앞서가지 않아주시면 감사하겠습니다. 전 이제 겨우 고등학교 1학년 나이잖아요? 앞으로 부지런히 고민하고 찾아볼게요."

물론 세 아이의 생애 진로 목표가 지금의 계획대로 이루어지지 않을 수도 있다. 그러나 이렇듯 자신이 하고자 하는 목표를 설정해보는 것은 화살을 쏠 때 과녁의 방향을 정확히 조준하는 것과 같다. 그런 의미에서 아이들이 조금이나마 자신의 적성에 맞는 목표를 정했다는 것은 정말 다행이다.

아이들이 대학에 바로 진학하지 않는 것에 대해서는 고용안정지원센터의 직업상담사 선생님까지 "그래도 한국의 상황을 고려하면 먼저 대학에 가는 것이 좋지 않을까?"라고 말씀하셨다고 한다. 그럼에도 아이들의 마음은 동일했다.

"저희가 생각해도 여행하면서 생각이 많이 달라진 것 같아요."

막내의 말을 이어 첫째도 같은 마음이었다고 했다.

"맞아요. 선생님께서는 저희를 위해 조언해주셨지만 대학보다는 실력이 중요하고, 학벌보다는 능력이 중요하다고 생각해요."

둘째가 고등학교 3학년인 또래 친구들의 이야기를 들려주었다.

"제 친구들이 내년이면 대학을 가야 하는데, 자기 자신에 대한 고민은 물론 어떤 분야의 공부를 하고 싶은지에 대한 생각 없이 오로지 성적만 고민하는 것 같아 안타깝기도 했어요."

아이들의 말이 기특하긴 했지만, 한국 사회의 실상을 알고 있는 우리는 부모로서 또다른 고민에 빠졌다. 아무도 가보지 않은 길이어서 더 심란해졌던 것 같다. 그러나 여행중 만났던 한국 청년들의 고민하던 모습, 여행을 통해 아이들이 자신의 기질과 적성 그리고 관심 분야를 찾았다는 사실, 그리고 스스로 문제를 해결해나가던 모습 등을 떠올리니 세 아이의 결정을 믿고 격려해주는 일이 중요할 것 같았다.

진학과 진로의 차이점은 무엇일까? 흔히 초등학교부터 중학교, 고등학교를 거쳐 대학교로 가는 것을 진학이라 한다. 이에 반해 진로는 자신의 생애 전반에 걸쳐 하고 싶은 일의 방향을 정하고 만들어가는 과정이라 할 것이다. 그렇다면 단계를 밟아 대학을 목표로 삼는 것이 중요할까, 아니면 자신의 적성과 흥미에 맞는 방향을 찾는 것이 중요할까? 분명 대학을 가고 안 가고의 문제보다는 자신의 방향을 찾는 것이 더욱 중요할 것이다.

여행지에서 만난 청년들의 고민 역시 이런 자신의 인생 전반에 대한 진로와 관련된 것이었다. 그런 점에서 비록 곧장 대학으로 진학하지는 않았지만, 우리 집의 세 아이가 자신이 평생에 걸쳐 하고 싶은 일의 방향을 조금이나마 찾은 것은 다행이라고 생각한다. 이런 결의가 마냥 순탄하게만 전개되지는 않겠지만, 두려움을 이기고 스스로 해 나가려는 아이들의 의지가 있으니 도전해봄도 나쁘지 않을 듯싶었다.

"너희가 지금은 또래보다 당장은 고생스러울 수 있지만, 나중에는 그 경험이 분명히 재산이 될 것이라 믿는다."

"엄마와 아빠도 믿고 기다릴게. 힘들 때는 언제든지 말해주렴."

온 가족이 이런 과정을 거쳐 의논한 끝에, 드디어 아이들은 대학 진학보다 취업을 먼저 시도해보는 것으로 결정했다.

그렇다고 대학에서의 공부가 모두 부질없다는 뜻은 절대로 아니다. 몇 해 전, 아는 분의 아이는 삼수 끝에 기어이 자신이 원하던 의대에 진학했다. 재수에 실패하자 부모가 극구 말렸음에도 자신은 의대에 가야 할 이유가 있다며 고집을 꺾지 않았던 그 아이는 한 번 더 도전하여 의대 입학에 성공했고, 힘들다는 말 한마디 없이 모든 과정을 마친 뒤 지금은 누구보다도 열심히 의사로서의 직업을 잘 수행하고 있다. 즉, 자신의 목표가 명확하고 전문적인 공부를 해야 할 이유가 확실할 때는 학문의 길로 가는 것이 당연히 바람직하다. 그러므로 아이들의 진로를 열어주는 데 있어서 이 두 가지, 즉 학문의 길로 가는 것과 일을 먼저 해보다가 나중에 필요를 느낄 때 자신의 분야에 대해 공부하는 것 모두를 인정하고 허용해야 할 필요가 있다.

사회문제의 측면에서 바라봐도 이는 마찬가지다. 대학등록금 문제, 청년실업 문제, 이것에서 비롯된 낮은 결혼율과 출산율은 물론 자녀교육으 우리나라 대학 진학률이 80퍼센트를 넘어 경제협력개발기구(OECD) 회원국 중 가장 높은 수준이라고 합니다. 명문대학을 목표로 공부하고, 너무나 당연하게 대학을 가는 우리의 현실. '왜' 대학에 가야 하는지 묻는 일이 우선이 되어야 하지 않을까요?

로 인해 부모의 노후까지 불안정해지는 문제 등은 상당히 많은 부분에서 자녀의 대학 진학 문제와 관련되어 있음을 우리는 알고 있다.

높은 대학등록금 때문에 졸업과 동시에 신용불량자가 되기도 하고, 취직이 안 되는 현실로 인해 졸업하지 않고 7학년, 8학년으로 학교에 남아 방황하는 것이 우리 대학생의 현실이다. 부모의 노후 문제 역시 만만치 않은 숙제로 남는다. 부모인 우리가 90세일 때 우리 딸은 62세가 된다. 다시 말해 자식과 함께 나이 들어가야 하는 '장수(長壽)의 시대'에 살 수밖에 없는 것이 지금의 부모 세대인 것이다. 하지만 '준비되지 못한 장수는 재앙'이라고 말하지 않던가? 준비하고 예상한 것보다 훨씬 오래 살게 되는 것이 지금의 부모 세대라면, 부모와 자녀 모두에게 도움이 되는 선택은 어떤 것인지에 대해서도 진지하게 고민해야 할 것이다.

우리 아이들이 일부터 해보기로 한 것은 이러한 여러 사회 문제를 고려한 결론이기도 했다. 물론 여행을 통해 부모와 아이들이 향후 세상의 흐름에 대해 함께 인식할 수 있었음이 결정적인 요인이었던 것은 두말할 나위가 없다. 또한 여행에서 관찰했던 내용과 귀국해서 받았던 심리검사의 결과가 일치한 덕분에 어느 정도 생애 진로 목표의 방향을 정할 수 있었다는 것 역시 그러한 결론을 내리는 데에 큰 도움이 되었다. 그래서 우리 가족은 처음 여행을 떠날 때처럼, 비록 두려움은 있지만 또다른 새로운 길을 가보기로 했다. 아이들은 부지런히 움직이고 부모는 격려하면서…….

언젠가 미국 백악관 국가장애위원회 정책차관보를 지낸 고(故) 강영우 박사의 강연을 들은 적이 있다. 그는 강연에서 명쾌한 성공의 원리를 제시하며 이런 이야기를 했다. 미국에서 한국계 학생들은 이른바 명문대라 일컬어지는 아이비리그로의 진학률이 높은데, 이상하게도 최고의 성적으로 입학하는 비율만큼이나 낙제율도 제일 높다고 한다. 이유를 조사해보니 '장기적 인생 목표(long term life goal)의 부재' 때문이라는 진단이 내려졌다.

평생에 걸쳐 열 번 넘게 직업을 바꿔야 하는 지금의 아이들. 그런 아이들이 자신이 바라보고 달려갈 수 있는 꿈을 찾을 수 있다면 얼마나 좋을까? 이것은 베이비부머 세대인 부모와 에코 세대인 자녀들에게만 해당하는 문제는 아닌 듯싶다.

밑바닥부터
시작해도
괜찮아

스티브 잡스(Steve Jobs)와 함께 애플 사를 창업했던 스티브 워즈니악
(Steve Wozniak)이 한국의 어느 대학교에서 강연했던 내용은 우리에
게 시사하는 바가 크다.

"나는 다섯 번이나 HP(휴렛팩커드)에 아이디어를 냈지만 모두 거절당했
다. 돈이 없다고, 자본금이 없다고 절망하지 말라. 잡스와 내가 처음 애플
을 세울 때에도 가진 돈은 없었다. 시작하자마자 성공할 수는 없다. 밑바
닥부터 시작해서 올라와라."

그는 미국에서는 무조건 이론적 지식만 많이 쌓은 사람보다 실전의 경
험까지 함께 갖춘 사람이 우대받는다고 말했다. 그에 반해 한국 사회에서
는 지나치게 높은 학력을 먼저 갖출 것을 요구하기 때문에, 고학력 젊은이
들이 대접받고자 하는 기대치만 높아지는 경향이 있다는 날카로운 비평
도 빼놓지 않았다. 이런 상황에서는 젊은이들이 실패의식에 빠질 수밖에
없다며, 밑바닥부터 스스로의 힘으로 헤쳐나가려는 자세가 필요하다고 그

는 강조했다.

우리 아이들이 진로 문제에 있어서 남이 가지 않은 길을 가기로 한 것
도 밑바닥부터 시작하겠다는 마음을 가졌기에 가능한 일이었다. 대학 대
신 취업부터 하겠다고 결정했을 때, 고졸검정고시 출신인 아이들이 선택
할 수 있는 직업의 영역은 그리 넓지 않았다. 그렇다고 무턱대고 아무 일
이나 시작할 수 있는 것도 아니어서, 아이들은 자신이 하고자 하는 분야
와 관련된 자격증부터 취득해보기로 했다. 여기저기 알아보던 중, 국가에
서 지원하는 직업훈련 프로그램인 '뉴 스타트'가 시행되고 있음을 알게 되
었다.

뉴 스타트는 고용안정지원센터에서 만 15세에서 29세까지 학교나 직장
에 소속해 있지 않은 청년들이 적성에 맞는 일을 할 수 있도록 훈련 및 취
업을 돕는 프로그램이다. 적성 및 흥미검사를 먼저 받고 전문상담가의 상
담을 거친 뒤, 자신의 적성에 맞는 자격증을 취득할 수 있도록 200만 원
짜리 계좌제 카드를 발급해주는 방식이었다. 선진국에서 본 평생교육의
물결이 우리나라에서도 구체적으로 시도되는 것 같았다.

이런 프로그램이 있다는 것을 알게 되자 세 아이는 의욕적으로 달려들
었다. 아이들은 한 달 동안 매주 한 번씩 방문하여 상담과 교육을 받은 뒤
향후 배울 분야를 정하고 계좌제 카드를 발급받아 왔다.

"6개월 안에 이 카드로 공부를 마쳐야 해요. 정부에서 100퍼센트 지원
해주는 대신 관리도 철저히 하는데, 조금만 늦어도 지각으로 처리되는 데
다가 세 번 지각하면 1회 결석으로 간주된대요."

뭔가를 공짜로 얻는다는 것이 얼마나 어려운 일인지를 배우게 되는 것

일까? 세 녀석은 부모가 돈을 대주면서 공부하라고 할 때와는 전혀 다른 태도를 보였다.

첫째는 자신의 적성을 따라 '병원 코디네이트' 과정의 공부를 시작했고, 둘째는 기계설계 과정을 선택했다. 하지만 장래 CEO를 꿈꾸는 막내의 경우에는 분야를 정하는 것이 힘들었다. 수강생들이 자격을 취득한 후 바로 취직하게끔 하는 것이 목표인 뉴 스타트 프로그램의 특성상, 경영학처럼 장기간의 교육이 필요한 교육 분야는 개설되어 있지 않았기 때문이다.

"저는 우선 전산세무와 전산회계, 기업회계 관련 공부를 할까 해요. 제가 사실 꼼꼼한 성격은 아니지만 세금의 흐름을 미리 알아두면 나중에 사업할 때도 도움이 될 것 같아서요."

200만 원 안에서 자신들이 택한 분야를 공부해 나가는 동안, 신기하게도 '공부하라'는 부모의 간섭이나 잔소리는 필요치 않았다. 우리가 모르는 분야이니 간섭하고 싶어도 할 수 없었다는 편이 옳을 것이다. 그러나 무엇보다 중요한 것은 자신이 관심을 가진 분야의 공부이다보니 그것에 임하는 아이들의 태도가 달라졌다는 점이었다. 성적을 올리기 위해 억지로 하는 공부와는 차원이 다르다고나 할까? 준비 과정 또한 자신이 직접 서류를 작성하고, 통장을 만들며, 자신의 이름이 적힌 계좌제 카드를 발급받는 등 스스로 하지 않으면 안 되는 과정의 연속이었다.

하지만 한편으로 아이들은 또래 친구들과 다른 길을 선택한 것에 대한 심리적 어려움을 다소 겪었다. 특히 첫째는 친구들이 모두 대학생이라 그런지 가장 많이 갈등했다.

"공부를 하다보니 자격증을 취득해도 월급은 적을 것 같고, 주로 몸으로 힘들게 일해야 할 것 같아서 별로 안 좋을 것 같아요. 대학을 졸업하면 월급도 더 받을 수 있고 몸도 편할 것 같은데……."

딸의 이런 말에 둘째가 의견을 내놓았다.

"누나 말도 옳긴 해. 처음엔 힘들게 일을 해야했지만, 우리는 적성을 찾았으니까 대학 나와서 직업 없이 헤매는 사람보다 나중에는 더 나을 수 있다고 생각해. 난 기술사 자격증까지 따고 싶어."

둘째의 말에 이어 막내가 이번에는 여행할 때의 일을 꺼내며 자신의 의견을 말했다.

"난 지금 당장 경영학을 배울 수는 없지만, 만약 전산회계와 세무회계를 배우면 나중에 사업을 할 때 전체를 파악할 수 있을 것 같아. 뉴욕 목사님 댁의 세탁소에서 그런 부분을 느꼈거든."

막내의 말을 들으니 뉴욕에서의 경험이 떠올랐다. 미국 여행 당시 우리 가족은 뉴욕의 김 목사님 댁에서 한동안 머물렀는데, 그때 직업에 대한 우리 모두의 관점을 변화시킨 귀한 경험을 했다. 하루는 목사님께서 우리 아이들에게 세탁소 일을 직접 체험해보라고 하셔서 그분이 운영하시는 세탁소에 갔다. 미국의 세탁소는 우리나라의 규모와는 비교가 안 될 정도로 기업화되어 있었는데, 특히 목사님께서 운영하시는 세탁소는 주변 세탁소 중에서도 큰 규모에 속했다. 세탁소 안에서는 열 명이 넘는 남미계 직원들이 각자의 맡은 구역에서 열심히 일을 하고 있었다. 목사님 내외분은 경영자임에도 불구하고 출근하시자마자 직접 직원들과 똑같이 일하기 시작하셨다.

"아니, 왜 두 분이 이런 기본적인 일을 직접 하세요? 저렇게 직원들이 있는데……."

아이들은 사모님과 목사님이 직접 일하시는 것이 이상한지 질문을 했다. 그리고 누구보다도 올바른 교육을 중시하시는 두 분 덕분에 세탁소 안에서 생생한 교육이 이루어졌다.

"애들아, 너희들도 언젠가는 이렇게 사람을 관리하면서 조직을 이끌어야 할지도 모른단다. 그럴 때 무엇이 가장 중요하겠니?"

질문에 아무런 답을 하지 못하고 쳐다만 보는 아이들을 향해, 사모님께서는 좀더 쉬운 질문을 하셨다.

"내가 주인이지만 이 세탁소가 어떻게 돌아가는지, 각 파트의 일을 어떻게 해야 되는지 알고 있을 때와 제대로 모를 때, 언제 더 일을 잘 시킬 수 있을까?"

그제야 아이들은 "아하!"라는 감탄사를 연발하며 존경의 눈빛으로 두 분을 바라보았다.

막내는 그때의 경험을 아직도 기억하고 있었나보다. 뉴욕에서의 경험을 떠올린 것은 세 아이에게 긍정적인 영향을 주었다. 며칠 동안 자기들끼리 토론도 하고 부모인 우리 의견도 물어보더니 첫째도 점차 마음을 정리하는 듯했다.

아이들이 조금은 예민하게 학원을 다니는 모습 때문에, 또 무엇보다 밑바닥의 일부터 시작해야 한다는 사실 때문에 솔직히 부모로서 안쓰러운 마음이 들기도 했다. 이 세상에서 밑바닥의 일만 하기를 원하는 사람이 어디 있겠는가? 일이 힘든 것에 비해 보수는 적고 위험성은 크니 더 원하지 않는 것일 테다. 그럼에도 밑바닥 일부터 해본다는 것은 분명 그것에서만 얻을 수 있는 값진 측면이 있기 때문이다.

요즘 젊은이들의 한숨소리는 기성세대의 그것과는 깊이가 다르다. 시작하는 단계부터 절망과 거절을 먼저 겪게 되니 오죽하겠는가? 그러나 좀더 넓은 관점에서 본다면 대부분의 사람이 선망하는 보기 좋고 인정받는 길에서 시작하려는 마음을 내려놓는 의지도 필요하지 않을까?

"연봉이 얼마인가요? 또 복리후생은 어느 정도인가요?"

직장을 구하는 청년들이 많이 하는 질문이라고 한다. 그러다보니 중소기업은 사람 구하기가 힘들다며 인력난을 호소하고, 청년들은 갈 만한 곳이 없다며 취업난을 호소하고 있다. 자신의 인생이 연봉만으로 100퍼센트 결정되는 것이 아니라면, 지금의 연봉보다 앞으로 내가 키워나가고 싶은 희망연봉을 가슴에 품고 바닥부터 시작할 수 있으면 좋겠다. 지금의 위치보다 자신이 꿈꾸는 모습을 품고 첫걸음을 시작하는 젊은이들을 어른들이 격려해준다면 더욱 좋을 것이다. 마라톤을 완주할 수 있는 비결은 바로 첫걸음부터 마지막 골인 지점까지, 꾸준히 내딛는 한 걸음 한 걸음에 있는 것이니 말이다.

하늘을
날고 싶은
아이

"엄마, 아빠! 한번 드셔보세요. 진짜 맛있어요."

초등학교 3학년인 아이가 오븐을 이용해 과자를 만들었다며 퇴근해서 집에 들어온 부모에게 과자 접시를 내밀었다. 주방을 보니 온갖 그릇들이 나와 있고, 바닥 여기저기에 초콜릿이 흘러 있는 등 흡사 초토화된 전쟁터 같았다.

"아니, 너 정신이 있는 거니, 없는 거니? 다치면 어쩌려고!"

엄마는 얼굴이 새파랗게 되어 아이를 야단쳤다. 이때 아빠는 야단치는 엄마의 옆구리를 쿡 찌른 뒤 아이에게 다가가 말했다.

"우리 딸이 과자를 만들고 싶었구나. 어쩌면 이렇게 맛있고 예쁘게 잘 만들었을까?"

딸이 초등학교 때의 일이다. 당시 처음으로 오븐이 딸린 가스레인지를 구입했는데, 유달리 요리에 관심이 많았던 딸이 오븐으로 거뜬히 쿠키를 만들었던 것이다. 별일이 없어 다행이긴 했지만 솔직히 가슴이 철렁했다.

당시에는 놀라기만 했는데, 지금 생각해보면 초등학교 3학년 아이가 어떻게 혼자 쿠키를 만들었는지 신기할 따름이다. 6학년 때는 엄마 옷으로 자기 옷을 만든다고 이리저리 자르고 붙이고 난리법석을 떨더니 끝내는 엄마 티셔츠를 이용해서 자신의 미니스커트를 완성시키기도 했다.

첫째는 이렇듯 궁금하면 못 참고 하고 싶은 것도 많은 아이인 한편, 우리 집의 세 아이 중 주변을 의식하는 성향이 강한 아이이기도 하다. 주변을 많이 의식한다는 것은 주위 사람들의 말에 쉽게 좌지우지될 수 있다는 뜻이기도 한데, 그런 아이가 친구들이 당연히 진학하는 대학에 가지 않겠다고 하기까지는 나름 고민도 많았을 것이다.

"친구들이 남학생들이랑 미팅한다는 얘기를 할 때나, 학과에서 MT를 간다는 얘기를 들으면 괜히 저만 큰 추억거리가 없다는 소외감도 들어요."

솔직한 마음의 표현일 것이다. 더구나 여자아이니 예쁜 옷 입고 캠퍼스를 걸어보고 싶은 꿈이 왜 없었겠는가. 그럼에도 자신의 의지에 따라 기술을 먼저 배우겠다고 하는 것이 대견스러웠다. 미팅과 엠티를 부러워하던 딸이 하루는 친구들을 만나고 와서 마음을 정한 듯 말했다.

"친구 중에는 대학에 왔으니 1년 정도는 재미있게 노는 것이 당연하다고 생각하는 아이도 있는데, 비싼 등록금을 내고서 그러고 있다니 이해가 안 돼요."

안타까워하며 말을 이어 가던 딸이 갑자기 시무룩한 목소리로 말했다.

"그런데 요즘은 친구들 만나기가 싫어요."

누구보다 친구를 좋아하는 딸의 입에서 이런 말이 나온다는 것이 조금 뜻밖이라 조심스레 이유를 물었다.

"만나면 서로 대화가 되질 않거든요. 꼭 저만 이상한 나라의 앨리스 같아서……."

대학을 안 가고 일을 먼저 하려는 자신의 계획에 대해 거의 모든 친구들이 의아해한다는 것이었다. 며칠을 시무룩하게 지내던 딸이 하루는 차분한 목소리로 자신의 생각을 털어놓았다.

"친구들과 다른 길을 간다는 것이 힘들겠지만, 지금은 제가 원하는 일을 하는 게 맞는 것 같아요. 여행을 통해 넓은 세상을 잘 보고 왔다고 생각해요."

딸아이는 비로소 부러움을 벗어나 객관적으로 현상을 직시하게 되었고, 그 과정을 거치면서 자격증 취득을 위한 공부에도 점점 열성적으로 매달렸다.

먼저 병원 코디네이트와 관련된 공부를 하기로 했다. 병원 코디네이트는 병원에서 양질의 서비스를 제공하기 위해 환자 상담과 사후 관리, 병원의 서비스 품질 관리 및 이미지 개선 등 쾌적하고 편안한 병원 이미지를 만드는 직업이다. 무엇보다 상황 판단력과 순발력이 필요하고, 상담 및 심리 등에 관한 지식과 기본적인 의료상식이 있으면 매우 유리하다. 또한 타인에 대한 배려와 책임감이 강하고 긍정적이고 활달한 성격을 가진 사람에게 적합한 분야이므로, 대인관계지능과 신체지능이 뛰어나고 남을 돕는 일을 좋아하는 딸이 흥미를 갖게된 것이다. 고등학교 졸업 이상자라면 가능하고 자신의 적성에도 맞는 것 같다며 딸은 강력하게 이 분야를 공부하고 싶어 했다.

"고등학교 졸업 이상이면 가능하다지만, 아무래도 병원 근무 경력이 어느 정도 있는 사람이 유리하지 않을까?"

우리의 조언에도 불구하고 딸은 자신 있다며 공부해보겠다고 한 뒤,

1개월 집중 과정을 위해 학원을 다녔다. 그리고 한 달 뒤 드디어 자격증 시험을 치렀는데, 자신이 좋아하는 분야라 그런지 단번에 합격했다.

그러나 처음에 예상한 것처럼 '병원 코디네이트'라는 자격증 하나로 취직이 될 수는 없었다. 딸은 실망하는 빛이 역력했지만, 무한한 가능성에 도전하는 능력이 뛰어난 성격 덕분인지 곧이어 다음의 계획을 이야기했다. 아무래도 대학을 가야 하는 것은 아닌지 다시 고민이 된다는 것이었다. 그리고 며칠 지나지 않아 비장한 표정으로 말했다.

"제가 하려는 분야의 일에 대해 전문적으로 배울 수 있는 대학을 찾아보니 전국에 두 곳밖에 없었어요. 그래서 어제는 집 근처에 있는 K대학에 가서 학과 공부에 대해 알아보고 왔어요."

본인이 직접 학과 사무실을 찾아가서 다이어트 정보학과 교수님께 면담을 요청하여 상담하고 왔다는 아이의 이야기에 사실 속으로 꽤나 놀랐다.

"교수님께서는 '대학에 들어오기 전에 이렇게 학생 스스로가 정보를 알아보러 온 경우는 처음'이라며 무척 놀라셨어요. 그런데 아무래도 학과 과정은 이론 중심이라서 제가 필요한 자격을 따려면 실습과외비를 더 들여서 학원을 다녀야 한다는 것을 알게 되었어요."

대학 진학에 대한 결정을 위해 스스로 학과를 찾아갔다는 말을 들으니 딸이 자신의 진로에 대해 남다른 고민을 하고 있구나 하는 생각이 들었다.

"학비 역시 만만치가 않더라고요. 물론 부모님께 요청드릴 수도 있지만, 연 700만 원 정도의 학비가 드는 데다 따로 비용을 더 들여서 실기학원을 다녀야 한다 하니, 그냥 실기부터 배운 뒤 자격증을 취득해도 될 것 같아요."

이곳저곳을 알아보고 고민한 뒤에, 딸은 남은 계좌제로 피부미용 과정

을 배우기로 하고 학원에 등록했다.

"저의 원래 목표가 토털케어센터를 운영하는 것이니 기초에 해당되는 피부미용 과정부터 배워야겠어요."

딸은 두 달의 학원 수강을 거쳐 1차 이론시험을 거뜬히 통과하고 실기 준비에 열의를 쏟았다. 그런데 실기 시험을 이틀 앞둔 날 저녁, 아이는 사색이 되어 들어오더니 한숨을 쉬었다.

"큰일 났어요. 실기 시험 때 파트너가 되어주기로 했던 친구가 사정이 있어서 못 가겠다고 갑자기 연락을 해왔어요."

친구만 믿고 다른 데는 부탁을 하지 않았는데 예상치 못하게 차질이 생기자 딸아이는 당황스러워했고, 거의 하루종일 걸리는 시험 일정이니 갑작스레 시간을 할애해줄 사람을 구하기도 여의치 않은 듯 보였다. 전화기를 붙들고 여기저기 전화하며 난리법석인 아이를 보니 마음이 편치 않았지만, 일부러 스스로 해결하도록 지켜만 보기로 했다.

"휴, 다행히 한 분을 섭외했어요. 같은 학원 분인데 서로 시험일이 달라서 저는 그분의 실습 파트너가 되어드리기고 하고, 제 시험일에는 그분이 파트너가 되어주시기로 했어요."

우여곡절 끝에 실기 시험을 마친 딸아이는 한 달 뒤 피부미용사 관리사 자격증을 가지고 왔다. 본인도 감개무량한지 떨리는 목소리로 말했다.

"세상에 쉬운 게 하나도 없네요. 자격증 하나 따기가 이렇게 힘들다니. 떨어진 사람도 많은데, 그래도 제가 한 번에 붙었다는 게 기특하지 않으세요?"

딸은 어릴 적부터 요리사, 상담사, 스튜어디스, 디자이너, 사업가, 교사

등등 꿈이 유달리 자주 바뀌었고, 한 번 생각했던 꿈은 오래가지를 못했다.

"아무래도 윤영이는 의지가 약한가봐요. 노력도 하지 않으면서 높은 꿈만 꾸고……."

예전에는 이렇게 딸의 잘못으로 돌리며 문제라고만 생각했는데, 딸은 본인의 기질 때문에 그렇게나 하고 싶은 일이 많고 무한한 가능성을 중시한다는 것을 알게 되었다. 요즘 상담을 하면서는 이런 기질의 아이를 의외로 많이 봤다. 이런 성향을 가진 아이는 특히나 부모의 많은 인내를 필요로 한다. 아이의 꿈이 자주 바뀐다 해서 부모가 그것을 의지력 부족이나 불성실함으로 간주하면 아이는 오히려 혼란에 빠질 수 있기 때문이다. 즉, 큰 테두리 안에서 자신의 적성에 맞는 여러 경험을 해보는 것이 나중에는 재산이 될 수 있는 기질이니 이런 아이일수록 부모는 아이에게 계속적인 지원자이자 지지자 역할을 해주는 것이 중요하다. 그런 면에서 보면 이번 자격증 취득 과정은 하늘을 훨훨 날고 싶은 딸에게 있어 또하나의 값진 시도가 되었다고 할 수 있겠다.

공부가
재미있어요

"여보, 아무래도 도둑이 들어온 것 같아요. 거실에서 달그락 소리가 나요."

어두운 새벽에 인기척이 들리자 우리는 긴장하며 거실로 살금살금 나갔다. 밝아 오는 새벽 미명을 불빛삼아 열심히 레고 블록을 조립하고 있는 아이는 부모가 옆으로 다가가도 한동안 전혀 눈치 채지 못했다.

"어? 엄마, 아빠! 일어나셨어요?"

우리 집 둘째의 이야기다. 둘째가 다섯 살이던 해에 아이들에게 처음으로 레고를 사줬는데, 무척이나 재미있었는지 세 아이는 모여서 시간 가는 줄 모르고 블록을 쌓으며 놀았다.

"얘들아, 아홉 시네. 이제 자러 들어가야지?"

엄마의 재촉에 첫째와 막내는 미련 없이 레고를 놓고 방으로 들어가버린 반면, 둘째는 달랐다.

"한 번만 더 하고 자면 안 돼요?"

몇 번을 졸라댔지만 다음날을 생각하여 레고를 정리하게 한 뒤 억지로 재웠다. 밤새 레고가 머리를 떠나지 않았던 것일까? 둘째는 레고를 만들기 위해 새벽에 먼저 일어난 것이었다. 이렇게 조립하는 것을 좋아하고 잘하는 아이는 레고의 조각을 보고도 완성된 상태의 공간과 구조를 인지할 수 있는 능력, 즉 공간 지각 능력이 뛰어난 경우가 많다. 이것이 아이의 관심거리이며 재능이라는 것을 당시에는 전혀 깨닫지 못했다. 하지만 지나고 보니 부모가 잘 관찰하기만 해도 아이의 적성은 파악 가능한 것이었다.

그런데 왜 부모는 아이의 이런 부분을 놓치는 경우가 많은 것일까? 아마도 성적과 관련이 없는 아이의 행동은 무관심하게 보기 때문일 것이다. 우리 부부 역시 성적표에 기재된 전체 등수에만 관심을 가졌지, 이런 종류의 행동은 단순히 아이이기 때문에 나타나는 것이라 생각하며 대수롭지 않게 넘겨버렸다. 또한 요즘 부모들은 지나치게 바쁘다는 것도 이유가될 수 있다. 즉, 부모가 내 아이가 뭘 잘하고 뭘 좋아하는지 제대로 살펴볼 만한 여유가 없는 탓도 있는 것이다.

둘째의 재능은 여행 내내 우리와 24시간을 함께하고, 수많은 문제들을 해결하는 모습에서 하나하나 발견되기 시작했다. 세밀하고 계획적인 성격답게 둘째는 자신의 적성이 발견되자 대학을 목표로 하는 다른 친구들에 대해서는 별로 신경을 쓰지 않았다.

"친구들이 저를 부러워하기도 해요. 자기들은 생각 없이 공부만 하는데 저는 벌써 어느 정도 진로를 정했다는 것이 놀랍다고 하더라고요."

그러다보니 둘째는 자신의 진로를 찾아가는 데 있어서도 무척이나 적극적이었다. 자신의 적성에 맞는 부분을 공부하기 시작하자, 무슨 일이든지 처음 시작할 때 많이 부담스러워하던 예전의 모습도 사라졌다.

200만 원짜리 계좌카드를 활용하여 둘째는 건축설계의 기초를 배우기 시작했다. 자격증 취득을 위해 공부하면서 배움의 재미에 흠뻑 빠진 아이는 학원을 다녀온 뒤에도 그날 있었던 일을 자주 이야기해주었다. 하루는 집에 들어오면서부터 함박웃음을 짓더니 이렇게 말했다.

"오늘 학원 선생님께서 '은택씨는 정말 신기하게도 빨리 이해하시네요.'라고 하셨어요. 참 이상해요. 저는 저절로 이해가 되는 부분인데 선생님께서는 칭찬을 해주시니……."

그런가 하면 하루는 공부하던 방에서 기지개를 켜고 나오며 흐뭇한 표정을 짓더니 이렇게 말하기도 했다.

"진짜 신기하단 말이야. 설계 관련 공부는 어쩌면 이렇게도 재미있는 거지?"

이해의 속도가 빠르다는 칭찬을 받은 것도 기특했지만, 공부를 즐거워하는 아이의 모습을 보는 것이 부모인 우리에게는 큰 기쁨이었다. 더불어 자신의 적성에 맞는 분야를 공부하면 50의 노력을 기울여도 200의 성과를 거둘 수 있다는 것도 알게 되었다. 적성과 관계없이 똑같은 공부를 강요당하는 아이들이 200의 노력을 기울이는데도 50의 성과밖에 못 내는 이유도 이와 같은 맥락일 것이다.

그렇게 둘째는 학원에서 과정을 마친 뒤 '컴퓨터건축설계기능사' 자격증을 취득했지만, 취직을 하는 데 있어 큰 걸림돌이 생겼다. 바로 입대를 위한 신체검사 통지서가 나온 것이다. 둘째는 자신이 공부하면서 몇 군데 알아보니 회사마다 '곧 군에 갈 사람은 받을 수 없다'고 했다면서, 다른 방법을 찾아보겠다고 했다. 그리고 얼마 지나지 않아 자신이 찾아본 내용을 설명했다.

"제가 알아보니 폴리텍대학이라는 곳이 있는데, 1년 교육 과정은 국가에서 전액을 부담해서 자격증을 따게 해준대요. 고등학교 졸업자면 응시할 수 있고 만약 자격증을 취득하면 취직할 수 있을 것 같아요."

가끔 길에 붙어 있던 현수막에서 폴리텍대학이라는 글씨는 본 적이 있었지만 어떤 곳인지는 잘 모르고 있었는데, 열심히 설명하는 둘째 덕분에 소상히 알게 됐다. 1년 동안 국가에서 교육비 전액을 부담해주는 폴리텍대학은 비록 대학 졸업장을 주는 곳은 아니지만 본인이 노력하여 많은 자격증을 취득하면 곧바로 취직과 연결되는 '실기 중심, 취업을 위한 실용적인 교육'을 지향하고 있었다. 둘째는 문제 해결의 길이 보여서 그런지 약간 들뜬 목소리로 여러 정보를 꼼꼼히 알려주었고, 그런 모습을 보니 '얘가 이렇게 적극적인 아이였던가?' 하는 생각이 들어 신기하기까지 했다.

그런 과정을 거쳐 둘째는 충주의 폴리텍 4대학에 입학해서 컴퓨터응용기계설계를 배우기로 했다. 입학식에 함께 가겠다고 하자, 둘째는 우리를 말렸다.

"안 오셔도 돼요. 그냥 간단히 입학식만 할 것 같은데요, 뭐."

아무래도 대학교도 아닌데 부모가 입학식에 온다는 것을 좀 쑥스러워하는 것 같았다.

"엄마와 아빠는 네가 대학교에 입학한 것보다 더 자랑스럽단다. 이제 또 새로운 영역을 개척하는 네가 자랑스러워서 꼭 가보고 싶어."

기숙사 생활을 하게 될 둘째의 이불과 옷을 챙겨 충주 폴리텍 4대학으로 향했다. 생각보다 시골이어서 안쓰러운 마음이 들었지만, 한편으로는 공부에 전념할 수 있을 것 같기도 했다. 이런 부모의 마음을 헤아린 듯 둘째가 밝은 목소리로 말했다.

'스펙'이 우리 아이들을 괴롭히고 있습니다. 너 나 할 것 없이 '닥치는 대로' '무조건' '아무거나' 자격증을 따는 분위기가 만연해 있죠. 하지만 자녀독립 프로젝트에도 자격증은 필요합니다. 다만 자신이 원하는 분야에 꼭 '필요한' 자격증을 말하는 거죠.

"주변에 아무것도 없으니 할 일이 없을 것 같지요? 열심히 공부해서 최대한 많은 자격증을 따볼게요."

입학식장의 규모는 우리가 생각한 것보다 컸고, 입학생의 나이도 50세 가까이 돼 보이는 아저씨에서부터 아직 고등학생 같은 아이까지 다양했다. 피 끓는 청춘인 아들을 한적한 시골에 두고오려니 마음이 안 좋아서 물었다.

"서울이나 경기도에도 있을 텐데 왜 하필 이 먼 곳을 택했니?"

이유가 있다는 듯이 빙그레 웃으며 아들이 말했다.

"제가 공부하고 싶은 학과가 여기에 있었어요. 그리고 한 달에 20만 원씩 직업 훈련비도 지원되는데, 저는 그 돈을 용돈으로 사용하면 되니 걱정하지 마세요."

예전에는 마치 부모에게 맡겨 놓은 돈이라도 있는 듯 "돈 주세요, 빨리요!"라고 하던 아들이 어느새 이렇게 부모를 먼저 배려하고 자신의 힘으로 해보려 애쓰는 모습에 눈물이 핑 돌았다. 일주일의 학교 생활을 마치고 주말에 집에 올라 온 아들이 학교에 대해 할 말이 많은 듯 이야기보따리를 풀어 놓았다.

"우리 학교에 온 사람들은 참 다양해요. 몇 년째 경찰공무원 시험을 준비하다가 떨어지고 온 사람, 회사 다니다가 다시 배우려고 온 사람, 부모 때문에 강제로 온 사람 등 정말 각양각색의 사람들이 모였더라고요. 그런데 자신이 스스로 공부를 안 하면 정말 시간만 낭비할 것 같아요. 어떤 형은 와서도 '내가 여기 있을 사람이 아닌데……' 하더니 며칠 만에 가버렸어요. 전 적성에 맞아서 그런지 공부가 재미있어서 다행이에요."

참으로 열심히 노력했나보다. 아들은 1년 동안 '컴퓨터응용선반기능사' '컴퓨터응용밀링기능사' '기계조립기능사' '전산응용기계제도기능사' 등 네 가지 자격증을 취득했다. 형의 자격증들을 보더니 막내가 놀라며 감탄사를 연발했다.

"형이 다닌 학교는 자기가 스스로 열심히 하지 않으면 안 되는 곳 같던데, 자격증을 네 개나 따다니 정말 대단해!"

별일 아니라는 듯, 자신만만한 표정으로 둘째가 답했다.

"글쎄, 나는 1년 동안 정말 재미있었는걸?"

아, 내가
미쳤지!

"아이고, 머리야! 내가 미쳤지! 겨우 중학교 1학년까지만 다녔던 내가 세무회계 관련 공부를 하다니! 한자어들은 또 왜 이렇게 많은 거야?"

이해가 안 되는 부분이 많은지 흥분된 어투로 한참을 투덜대던 막내가 아빠에게 질문했다.

"아빠, 매출총이익, 영업외이익, 당기순이익의 차이점이 뭔가요? 설명은 들었는데 이해가 안 돼요. 정말 너무 머리 아파요."

세무회계와 관련된 자격증을 취득하기 위해 학원을 다니기 시작한 막내는 며칠 지나지 않아 힘들다는 하소연을 늘어놓았다. 부가가치세, 재화, 용역, 과세표준, 간이과세자 등 모든 용어가 한자어이니 머리를 싸맬 만도 했다.

"아무래도 은찬이는 그쪽 공부를 하는 것이 무리일 것 같아요. 고졸 검정고시야 어찌어찌 통과했지만, 이건 공부의 수준이 다른 것 같네요."

"내 생각에도 그럴 것 같아. 하지만 이왕 시작한 것이니 일단 지켜봅시

다. 정 힘들면 녀석이 못하겠다고 얘기하겠지."

이런 우리의 우려 속에서도 막내는 꾸역꾸역 열심히 학원에 다녔다. 한 번은 아침에 일어나 학원으로 향하는 아들의 모습이 하도 힘들어보여 위로를 건넸다.

"은찬아, 너무 힘들면 그냥 안 해도 괜찮아. 다른 방법도 있을 테니 말이야."

그런데 안쓰러운 눈빛으로 쳐다보는 우리를 향해 막내가 뜻밖의 말을 했다.

"출결 관리가 엄격하니까 억지로라도 버텨보려고요. 그런데 제가 관심이 가는 분야라 그런지 조금씩 재미가 생기기도 해요."

별로 꼼꼼하지도 않은 아이가 그렇게도 복잡한 세무 관련 공부에 재미를 느낀다니 의아한 마음도 들었지만 초등학교 때 일을 생각하니 어느 정도 이해가 되기도 했다.

"엄마, 현금영수증 카드 좀 만들어주세요."

막내가 초등학교 6학년 때 우리나라에서는 현금영수증 제도가 처음 시행되었다. 시행 초기였던지라 어른들도 별로 관심을 기울이지 않았는데, 막내는 자신이 미성년자라 현금영수증 카드를 발급받을 수 없으니 엄마 명의로 만들어달라는 것이었다. 그렇게 만들어준 현금영수증 카드를 가지고 다니면서 막내는 5천 원 이상 써야 할 때는 꼭 카드를 함께 냈다.

하루는 학원을 마친 아이가 기분이 엄청 상해서 집에 들어왔다.

"대체 누가 자전거의 안장만 쏙 빼서 가져간 거야?"

자초지종을 물어보니, 누군가 막내가 학원 앞에 세워 둔 자전거에서 안장만 빼서 가져가버렸단다. 전혀 예상하지 못했던 사건이라 폭소를 터뜨렸는데, 막내는 심각하게 말했다.

"버스비 몇 백 원 아끼려다 안장 새로 가는 데 1만5천 원을 써야 하다니 너무 속상해요."

이처럼 막내는 누가 시키지도 않았는데 매사 손익계산에 관심이 많고 자신의 생활에서도 그런 원칙을 중시하는 경향이 강했다. 이런 아이를 타고난 자린고비라고 해야 할까, 아니면 타고난 경제 전문가라고 해야 할까? 어찌 되었든 매사 경제와 관련되는 부분에 대해서는 유달리 관심이 많은 아이였으니, 그것과 조금이나마 연결된 세무회계 분야의 공부에도 점차 흥미를 갖게 되는 것 같았다.

하지만 흥미만으로 모든 것을 해낼 수 있는 것은 아니었다. 중학교 1학년 때 여행을 떠났고, 돌아와서 중졸 및 고졸 검정고시까지 통과하기는 했지만, 아무래도 세무회계 분야를 공부하기란 무리인 것 같았다. 그런데 처음에는 힘들어하고 표정이 일그러졌던 아이가 시간이 갈수록 적응하는 모습을 보였다. 그럼에도 우리는 솔직히 막내가 겨우겨우 수업에만 출석하는 것으로 여겼다.

드디어 자격증 시험을 치르는 결전의 날이 다가왔다. 걱정하는 우리와 달리 태연한 모습으로 집을 나선 막내였지만 본인도 엄청나게 긴장했을 것이다.

"이번에는 아이가 포기하지 않고 시험을 쳐본다는 것에 만족합시다."

막내가 시험 치르러 가는 날, 우리 부부는 별 기대 없이 마음을 비웠다. 시험을 마치고 온 막내는 생각보다 시험이 쉬웠는지 은근슬쩍 자신감을 내보이기도 했지만, 워낙 평소에도 매사에 자신만만해하는 성격이라 그런 것이려니 했다. 사실은 전혀 믿지 않았다는 것이 솔직한 표현일 것이다. 그런데 이게 웬일인가? 전산회계 2급 시험에 거뜬히 합격한 막내는 합격증을 받은 날 한껏 고무된 표정으로 외쳤다.

"아, 역시 하늘은 노력한 자의 편이야. 내가 얼마나 열심히 했는데!"

자신의 합격이 믿기지 않는지 자격증 카드를 흔들어 보이며 좋아라하던 아이는 그 결과에 한층 힘을 얻었는지, 이전보다 더욱 의욕적으로 다른 자격증 취득에도 도전하기 시작했다. 6개월에 걸쳐 학원에서 공부하고 두 번의 시험을 치르면서 막내는 전산회계 2급, 기업회계 3급, 세무회계 3급 자격증을 따냈다.

"정말 대단하다. 나는 용어만 봐도 머리가 아파 오는데."

"확실히 은찬이는 사업가의 기질을 타고났나봐. 대체 이런 내용들을 어떻게 이해하고 공부한 걸까?"

누나와 형도 모두 놀라운 듯 의아해하면서도 진심으로 동생을 축하해 주었다. 우리 부부 역시 결코 쉽지 않았을 텐데도 노력하여 좋은 결실을 거둔 막내의 모습에 대견스러운 마음을 감출 수 없었다.

막내가 공부하고 시험에 합격하는 과정을 보면서 깨달은 점이 있다. 바로 사람은 누구나 자신이 필요로 하고 재미를 느끼는 분야에 대해서만큼은 어려움이 있어도 참고 견뎌낸다는 것이다. 오르고자 하는 산이 아무리 높아도 그 위에 본인이 간절히 원하는 것이 있다면 힘겹게 오르는 수고와 노력을 마다하지 않는다는 것이다.

사실 우리 부부는 막내에 대해 걱정하는 부분이 있었으니, 유달리 계산이 빠른 아이라는 점이 그것이었다. 여행을 마치고 돌아온 뒤에도 막내는 우리의 퇴직금을 여행 경비로 사용했다는 것에 민감한 반응을 보였다.

"이제부터는 부모님께 무조건 돈 달라고 하면 안 될 것 같아요. 부모님도 노후를 대비하셔야 하니까 저희 공부는 가능한 한 저희 힘으로 해결해 볼게요."

누가 시킨 것도 아닌데 유독 부모 걱정을 하는 막내를 보며, 아직 어린 나이인데 돈에 집착하게 하는 것은 아닌가 하는 염려도 들었다. 그러나 기댈 곳이 없는 상황, 즉 자신의 힘으로 일어서야 한다는 절박함이 막내에게 어려운 공부도 가능하게 했던 원동력이 되었음은 분명하다.

막내는 어릴 적부터 유독 승부욕이 강하고, 목표가 생기면 돌진하는 성격이었다. 그래서 형이나 아빠와 싸울 때는 그런 성격을 단점으로 지적하기도 했지만, 어떤 단점이든 어떻게 다듬어 가느냐에 따라 보석처럼 빛나는 장점이 될 수도 있다는 생각이 들었다. 초등학교 2학년 때의 어느 날, 막내는 만화책을 한아름 들고 들어왔다.

"무슨 만화책을 그렇게 많이 갖고 오니?"

면박을 주는 엄마를 향해 아이는 자랑스럽게 말했다.

"저 아래 만화방이 폐업을 한대요. 그래서 한 권에 200원씩 주고 열 권을 샀어요. 정말 싸게 샀죠?"

횡재해서 가져온 만화책을 열심히 보고 있는 아들에게 이번에는 아빠가 잔소리를 했다.

"책을 봐도 하필이면 왜 만화책이냐? 빨리 보고 갖다버려라."

아빠의 잔소리 덕분인지 며칠 뒤 열 권의 만화책이 흔적도 없이 사라졌다. '괜히 야단을 쳤나?'라는 마음이 들었는지 아빠가 미안해하며 막내에게 물었다.

"은찬아, 너 만화책은 모두 갖다버린 거니?"

그러자 아들은 의기양양하게 큰 소리로 대답했다.

"아니요, 제가 다 보고 친구들한테 한 권에 300원씩 받고 팔았어요."

지금도 그때의 일을 생각하면 웃음이 나온다.

이렇듯 사업가의 기질을 가진 아이였으니 딱딱한 세무 관련 공부가 적성과 완전히 들어맞지는 않았을 것이다. 그럼에도 사회를 향해 처음 내딛은 발걸음에서 최선을 다했던 막내의 자격증 취득 과정은 어른인 우리에게도 많은 생각을 하게 한 놀라운 도전이었다.

5장

새로운 길을
나서다

자녀독립 프로젝트 3단계: 취직하기

이젠
취직해야지!

"이젠 취직해야지!"

아빠의 제안에 세 아이의 얼굴 표정이 저마다 변했다. 6개월의 기간 동안 아이들은 자신이 선택한 분야를 열심히 공부했고, 첫째는 병원 코디네이터와 피부미용관리사 자격증, 둘째는 건축기계설계기능사 자격증, 그리고 막내는 전산회계 2급, 기업회계 3급, 세무회계 3급 자격증을 각각 취득했다.

"아마도 저는 학원에 같이 다녔던 언니가 일하는 피부미용관리실에 취직이 될 것 같아요."

어디서나 사람을 잘 사귀는 첫째는 그새 학원에서 친해진 언니 한 명으로부터 자신의 친정엄마가 하시는 관리실에서 같이 일해보자는 제안을 받았단다. 동생들은 부러운 눈으로 누나를 쳐다봤지만, 정작 본인은 약간 두려운 것 같았다.

"사실 자격증은 땄지만 제가 실제로 얼굴 마사지를 제대로 할 수 있을지는 모르겠어요. 일단 가서 원장님부터 만나뵙고 올게요."

첫째의 마음이 조금은 이해되었다. 이론과 실기시험을 거쳐 국가공인자격증을 취득하긴 했지만, 정작 실무 경험은 없으니 당연히 두려울 것이다. 그때 둘째도 조금 상기된 얼굴로 입을 열었다.

"저도 저랑 같이 학원을 다녔던 형이 오송 근처의 회사로 가자고 제안하셨어요. 형의 동생분이 다니는 회사에서 대단지 아파트 공사를 하나봐요. 아마 사람이 많이 필요한 것 같아요."

둘째는 어느 때보다 꿈에 부푼 표정으로 큰소리를 쳤다. 하지만 이제 겨우 전산응용건축제도기능사 자격증 하나를 취득한 아이가 큰 건설 현장에 취직이 될 수 있을까 싶은 의문도 들었다.

"기회가 되면 엄마와 아빠도 그분을 한번 만나뵐 수 있을까?"

우리의 제안에 매사 신중한 둘째가 말했다.

"안 그래도 저도 그렇게 말씀드렸어요. 연락 오면 같이 가주세요."

누나와 형이 취직이 될 것 같다는 보고가 잇따르자, 막내가 불만 섞인 목소리로 말했다.

"전 이제 고등학교 1학년 나이인데 회사에서 절 오라고 할까요?"

도저히 불가능하다는 듯 질문을 던진 막내는 멀뚱멀뚱 아빠만 쳐다보았다. 난감해하는 막내의 심정이 충분히 이해가 되었다.

"그래, 그럴지도 모르지. 하지만 너무 조바심 갖지 말고 우선은 네 상황에 맞는 곳이 있는지만 알아보면 어떨까?"

이런 우리의 제안에도 막내는 어림없는 도전을 하라는 것으로 느껴지는지 기분이 영 언짢아보였다.

"차라리 자격증 공부할 때가 더 나았던 것 같아요. 그때는 그냥 공부만 하면 됐는데, 이젠 바로 취직 걱정을 해야 한다니. 전 겨우 열일곱 살 인데, 이렇게 하는 게 맞는 건지 잘 모르겠어요."

오라고 하는데도 두려움이 생기는 첫째, 지인의 제안에 가슴 떨려 하는 둘째, 가능성 없는 일을 시킨다고 투덜거리는 막내. 모두 만감이 교차하는 듯 보였다. '드디어 올 것이 왔구나! 이젠 더이상 부모에게 기대서는 안 되는 상황이 되어버린 거로구나!' 하는 두려움과 각오가 뒤섞인 표정이라고 나 할까? 그래도 막내를 제외하고는 순조롭게 취직이 되는 것 같아서 부모인 우리도 힘이 났다.

그리고 며칠 후, 둘째가 자신에게 취직을 제안한 형을 만나러 가자고 해서 동행하게 되었다. 같은 학원 형이라 해서 몇 살 위일 것이라 생각했는데, 이미 결혼하고 아이까지 한 명 있는 가장이었다.

"전 가정형편이 정말 어려웠습니다. 그래서 제 꿈은 생각할 엄두도 못 내고 그동안 장사를 했지요."

부모님이 안 계셔서 자신의 꿈보다는 생계를 위한 일을 해 왔는데, 이제는 본인 적성에 맞는 일을 해보고 싶어서 자격증에 도전을 했단다. 참으로 성실해 보이는 젊은이가 나이에 비해 힘든 현실을 잘 견뎌왔다는 생각이 들었다.

"은택이는 저희 학원에서 가장 어린데도 성실하고 이해력이 빠른 데다 열심히 공부를 해서 눈여겨보게 되었습니다. 나중에 여행했던 얘기와 지금 이런 공부를 하는 이유를 듣고서야 이해가 되었지요."

오송에 있다는 건설 현장은 자신의 동생이 다니는 회사에서 진행하는 곳이라 했다. 누가 들어도 알 만한 기업인데 이런 과정을 거쳐 사람을 데려간다는 것이 믿기지 않았지만, 친동생의 제안이라 하니 보다 정확해지면 다시 알려달라는 부탁을 하고 돌아왔다. 그러나 며칠 뒤 둘째가 어두운 표정으로 말했다.

"아무래도 그곳에 취직하는 것은 어려울 것 같아요. 왜 어른들은 확실하지도 않은 것을 말하는 걸까요?"

취직 제안을 했던 형이 이유를 명확히 설명하지 않고 그저 안 될 것 같다고만 한 것이 이해가 되지 않는 듯 둘째는 중얼거렸다. 이제 고등학교 3학년 나이인 둘째가 변수 많은 사회를 이해하고 용납하기란 힘들 것이다. 우리 부부는 한 번에 잘될 것이라고는 기대하지 않았고 아직 큰 부담 없이 천천히 알아봐도 될 것이라고만 생각했지만, 둘째는 기대가 컸던 만큼 실망도 꽤 깊은 듯했다.

둘째가 이런 마음일진대, 취업 문제가 절실한 수많은 젊은이들의 마음은 어떨까? 매년 대학 졸업생의 절반에 육박하는 청년들이 실업자가 된다고 하니 안타깝다는 말만으로는 표현이 안 되는 갑갑함을 느낀다. 얼마 전 아는 분의 딸은 교수님을 찾아가 이렇게 말했다고 한다.

"교수님, 이번에 수강한 과목을 낙제한 것으로 처리해주시면 안 될까요?"

이유인즉슨, 졸업한 뒤 오랜 기간 동안 미취업 상태로 있으면 능력이 부족한 사람으로 평가되어 취직이 더욱 어려워지니 일부러 학교에 더 오래 남아 있겠다는 것이었다. 상당수의 대학 졸업반 학생들이 확실하게 취업이 보장된 상태가 아니면 이처럼 자진해서 졸업을 보류한다고 하니, 대학 6~8학년생들이 많은 이유를 알 것 같았다. 이런 심리적인 압박감 때문에 어학연수나 대학원 진학을 선택하는 경우도 많다는 것은 이미 알려진 바다.

'뛰고 싶어도 쉬는 놈, 휴학생들의 절망!' 모 일간지에 실린 기사의 헤드라인이다. 기사에는 10년 동안 휴학과 복학을 반복해서 29세에 대학을 졸업했지만 끝내 취업에는 실패한 어느 청년의 이야기가 실려 있었다. 기사를 읽으니 절망감과 함께 '스무 살에 대학에 입학했던 그 청년은 무엇을 위해 10년을 그렇게 달렸어야 했을까?'하는 생각에 기성세대의 한 사람으로서 미안한 마음까지 들었다.

2012년 7월 한 국회의원이 발표한 보고서에 의하면 2011년을 기준으로 봤을 때 대학생이 졸업하기까지 평균적으로 소요되는 기간은 9년 3개월로, 이는 4년 전인 2008년의 5년 7개월보다 3년 8개월이나 늘어난 것이라고 한다. 어쩌면 2008년 금융위기와 맞물려 졸업을 유보하는 기간이 더 길어진 것일 수도 있겠지만, 그 점을 감안한다 해도 청년들이 그저 견디고 버티기에는 너무나 긴 시간이다.

아르바이트 구인구직 사이트 '알바몬'이 조사하여 2012년 9월 발표한 설문 결과에는 이런 현실이 그대로 나타난다. 결과에 의하면 조사 대상이었던 대학생 403명 중 3분의 1이 현재 휴학 상태에 있는데, 휴학 사유의 1위는 등록금 문제와 취업 문제(67퍼센트)였다.

젊은이들의 신음소리가 기성세대의 한숨소리보다 더 처절하게 느껴지는 것은 왜일까? 일할 기회를 가져보지 못하는 현실은 자신의 존재 이유조차 찾을 수 없는 절망과 무기력증을 낳을 수 있기 때문이다. 그동안 어른들은 아이들에게 "무조건 공부만 해서 일단 대학부터 가라. 공부하지 않으면 취직하기도 힘들다"라고 말해왔지만, 그 말을 따른 결과는 오히려 더 큰 고민거리만 안겨주고 있는 것이 현실이다.

또하나 간과하면 안 되는 부분이 있다. 포드 사의 기술담당이사가 2000년에 보고한 바에 의하면, 지식과 기술의 변화 속도가 매우 빠른 산업-정보 사회에서 공학사의 학위를 인정할 수 있는 유효기간은 2년 정도에 불과하다고 한다. 또한 1950년대에는 지식의 양이 배로 증가하기까지 30년이 소요됐지만, 지금은 5년 정도에 불과하다. 2004년 이무근 박사는 '미래사회 적응능력 함양을 위한 학교 진로교육 방안'에서, 우리 자녀들이 사회생활을 할 2020년에는 지식은 73일을 주기로 두 배씩 증가한다고 이야기한 바 있고, OECD에서도 이와 동일한 내용의 보고서를 발표했다. 이 모든 것을 종합해보면, 아이들이 학교에서 배운 것들은 졸업과 동시에 낡은 지식이 되어버린다는 결론이 나온다. 현실이 이러한데 우리가 대학 졸업장을 따기 위해 아이들의 등을 떠미는 것이 과연 옳은 것일까?

"이젠 취직해야지!" "이젠 결혼해야지!" "이젠 아이를 낳아야지!" 어른들의 주문은 참으로 다양하다. 시기에 맞추어서 마땅히 해야 한다고 여겨지는 일들이니 어른들의 입장에서는 당연한 이야기일 수 있다. 그러나 대학을 졸업한 뒤, 혹은 대학에 입학하면서부터 더욱 거대하고 캄캄한 동굴의 입구에 서게 되는 청년들은 이렇게 외치고 싶을지도 모른다.

"누구는 그렇게 하고 싶지 않은 줄 아세요?"

부모 세대도 이제는 현실을 냉정히 바라보고, 다른 해결법을 생각해봐야 한다는 울부짖음으로 들리지 않는가?

저 문제아
아닙니다

"혹시 옥은찬씨 되십니까? 내일 면접을 보러 와주셨으면 합니다."

막내가 열여덟 살 되던 해 1월에 이력서를 보냈던 회사에서 전화가 걸려왔다. 통화를 마친 후에도 막내는 믿기지 않는다는 표정을 지었다.

"그냥 와보기나 하라는 걸까요? 이상한 회사는 아니겠죠?"

막내도 우리도, 그 전화 덕분에 얼떨떨한 마음으로 하루를 보냈다. 다음날 면접을 보러 가는 아이를 바라보는 우리 가족 모두의 마음은 마치 수능시험 치르러 가는 수험생을 배웅하는 심정과도 같았다. 그렇게 오전에 집을 나섰던 아이는 한참을 지나서야 돌아왔다.

"저 취직될 것 같아요."

도저히 믿기지 않는 일이 일어났다. 하지만 이것은 시작에 불과했다.

누나와 형에 비해 자신의 조건이 불리하다고 생각했는지, 막내는 고용노동부의 워크넷(www.work.go.kr)에 접속하여 '학력과 나이 무관'이라는 조건이 달려 있는 60개의 회사를 골라서 이력서와 자기소개서를 보냈다고 한다. 그런데 60군데 중 딱 한 곳에서 연락이 온 것이다. 신기하게도 우리 집에서 멀지 않은 곳에 위치한 회계사무소였다.

MJIT 회계사무소! 'My Job Is Tomorrow.' 즉, '나의 일이 나의 미래'라는 말의 영문 이니셜을 따서 지은 이름에서 보듯, 그곳은 기존의 회계사무소와는 조금 다른 분위기인 듯했다.

"아무리 그래도 이제 고등학교 1학년 나이인데 대학부터 먼저 가는 것이 좋지 않을까?"

합리적인 성격의 회계사님은 막내를 면접하던 중에 이렇게 말씀하셨단다. 그러자 막내를 적극 입사시키고 싶어 하셨던 팀장님이 "무조건 대학만 나왔다고 일을 잘하나? 일단 한번 믿고 시켜봅시다"라며 강력하게 막내를 지지해주셨다고 한다. 면접은 무려 세 시간에 걸쳐 진행되었는데, 입사가 되려면 한 가지 조건이 있다고 했다.

"2~3년 뒤에 있을 군 문제를 해결할 수 있는 계획서를 내일까지 가져오면 입사시켜 주시겠대요."

입사를 하면 적어도 5년 정도는 근무해야 하는데, 불과 1~2년 만에 퇴사해 버리면 회사 입장에서도 손실이 크다는 이유에서였다. 막내는 자신의 군 문제를 해결하기 위한 방법을 알아보기 시작하더니, 저녁 무렵이 되자 한 장짜리 보고서를 써왔다.

"형이 저보다 두 살 위라서 저보다 먼저 군대를 가야 합니다. 법에 의하면 형제 중 한 명이 군대에 가 있으면 입대를 연기할 수 있습니다. 또한 저는 곧 사이버대학교에 들어갈 예정인데, 대학생이 되면 공부를 마칠 때까지 입대 시기를 미룰 수 있습니다. 그러므로 향후 5년간 근무하는 데는 아무 문제가 없습니다. 그리고 그것보다 더 중요한 것은 제가 열심히 일하는 것이라 생각합니다."

회사에 가서 말씀드릴 시나리오를 미리 작성해본 막내는 그것을 우리에게 읽어주면서 괜찮은지를 물었다. 원래 적극적이고 경험하지 못한 것에 대해서도 겁 없이 도전하는 성격이었지만, 이렇게까지 적극적으로 취업이라는 과제를 해결해나가다니 놀라웠다. 솔직히 막내라서 아직 어리다는 생각만으로 아이를 보고 판단했던 것이 사실인데, 아이들은 어른들의 섣부른 선입견보다 훨씬 더 자신의 일을 해결하는 능력이 뛰어나다는 것을 확실히 보여준 것이다. 놀라움과 대견한 마음으로 자신을 쳐다보는 부모를 향해, 신이 난 막내가 또다른 이야기를 했다.

"그런데 저를 오라고 하신 데는 제가 작성했던 자기소개서도 크게 작용한 것 같아요."

한창 구직 활동을 할 때, 막내는 며칠을 끙끙대며 작성한 이력서와 자기소개서를 엄마에게 메일로 보내서 조언을 구했던 적이 있었다. 다음은 막내가 작성한 자기소개서의 일부다.

"저는 올해 17살, 고등학교 1학년 나이입니다. 저는 중학교 1학년까지만 학교에 다녔지만 문제아는 아닙니다! 중학교 2학년부터 1년 반 동안 가족과 함께 세계 33개국을 여행을 다녀왔습니다. (중략) 저는 고졸 검정고시까지 마쳤지만 곧바로 대학에 진학하지는 않을 예정입니다. 한국에서는 부모가 주는 돈으로 무조건 대학을 가는 경향이 있는데, 전 제 힘으로 돈도 벌고 어느 정도 정확히 하고 싶은 공부가 정해진 뒤에 본격적으로 학업에 임할 생각입니다. 제 꿈은 전 세계를 다니며 한국을 알리는 세계적인 CEO가 되는 것입니다. 미래의 인재를 키운다고 생각하시고 저를 채용해 주시면 최선을 다해 열심히 일하겠습니다."

막내는 예전에 고용안정지원센터에서 한 달간 교육받을 때 자기소개서 작성법과 더불어 면접에 대비한 실습도 거쳤는데, 그때의 경험이 이번에 도움이 되었다고 한다. 이런 실제적인 교육이 아이들의 사회 진출에 큰 힘이 되었으니, 앞으로도 사회 현장과 직접적으로 연계되어 교육 후에는 곧바로 실무에 임할 수 있는 프로그램들이 마련되어야 할 필요가 있다는 생각이 든다. 대학교, 대학원을 졸업했음에도 입사 뒤 재교육을 시켜야 하는 신입사원들이 많은 현실을 고려하면 더더욱 그렇다.

다음날 아침, 별 두려움 없이 기대에 잔뜩 부풀어 출근하는 막내를 보니 직장이라는 곳에 제대로 적응할 수 있을지 걱정이 되었다. 회사라는 곳은 결코 자신의 일만 잘하면 되는 곳이 아니라 인간관계, 상하관계, 팀워크 등이 얽히고설킨 또다른 사회의 축소판임을 알고 있기 때문이었다. 불현듯 '이 녀석에게 그동안 예의범절은 제대로 가르쳐왔나?' '과연 성실하고 꼼꼼하게 일할 수 있을까?' 등의 여러 불안감이 한꺼번에 밀려왔다. 막내라 더 그랬던 것인지 모르겠지만, 마치 제대로 공부하지 못한 수험생을 시험장에 보내는 심정이었다. 멀리 떨어져 있는 대학에 입학시킬 때, 또는 새로 취업한 회사에 출근시키거나 결혼을 시킬 때 등 스스로를 책임져야 하는 세상으로 자식을 내보낼 때가 되면 모든 부모에게 이런 마음이 들

것 같다. '그때가 이렇게 빨리 다가올 줄 알았더라면 진즉부터 제대로 좀 가르칠걸……' 하는 조바심까지 말이다.

그러나 어쩌겠는가? 이미 주사위는 던져졌고, 모자란 부분은 본인 스스로 견디고 배우면서 헤쳐나가야 하는 상황이 되었다. 아무리 부모라 해도 자식에게 무언가를 해줄 수 있는 시간보다는 자식의 삶에 관여하지 못하는 시간이 훨씬 길 수밖에 없다는 것을 절감했다. 여행중 많은 문제를 해결한 아이였던 만큼, 사회에서도 나름대로 잘해나가리라 믿으며 응원하기로 했다.

막내가 입사한 1월은 회계사무소에서 바쁜 달 중 하나다. 그러다보니 입사하면서부터 새벽까지 일하기 시작한 막내의 얼굴에는 점점 피곤함이 묻어났다. 그럼에도 꿋꿋이, 또 열심히 출근하는 막내가 안쓰러워 가끔씩 걱정스러운 한마디를 던지곤 했다.

"일이 많이 힘든가보구나. 회사 분위기는 괜찮고?"

"이번 달이 부가가치세 신고기간이라 엄청나게 일이 많네요. 공부했던 것과 실무가 많이 달라 힘들긴 하지만, 그래도 사무실 분들이 좋으셔서 큰 어려움은 없어요."

어디를 가나 사람과의 관계를 잘 만들어가는 막내라 대인관계에 대해서는 크게 우려하지 않았지만, 아무래도 실무에 있어서는 힘에 부치는 것 같았다. 어느 날 아침, 아침밥을 먹는 아들의 손을 잡았는데 손바닥이 거칠거칠했다.

"아니, 은찬아! 손바닥이 왜 이렇게 벗겨졌니?"

그 큰 손바닥의 껍질이 허물처럼 벗겨지고 있었다. 아이는 손을 빼며 별일 아니라는 듯이 말했다.

"글쎄요, 며칠 전부터 이러네요. 조금 힘들어서 그런가 봐요. 곧 괜찮아질 거예요."

일이 많을 때 입사한 데다가 세금 관련 업무이다보니 신경이 안 쓰인다면 거짓말일 것이다. 자기가 노력해서 취직까지 성공한 것이야 뭐라 말할 수 없이 기특하지만, 몸과 마음이 너무 힘들다면 다시 고민해보라고 해야 하는 것이 아닐까 싶었다. 아침이면 정신없이 뛰어나갔다가 저녁에 들어와서는 곤하게 코를 골며 세상 모르고 자는 모습을 보고 있자니 아이가 힘든 시작을 하고 있음이 절절히 느껴졌다. 그렇게 호된 신고식을 해야 했음에도 막내는 의외로 회사생활을 잘 해나갔다.

"밥 먹고 가면 좋은데……. 조금이라도 먹고 가지 그러니?"

엄마의 성화에도 불구하고 막내는 지각하면 안 된다며 출근을 서둘렀다. 자신이 가장 최근에 입사했기 때문에 다른 직원들보다 20분 정도 일찍 가서 사무실을 청소해야 한단다. 그런데 하루는 시무룩한 표정으로 들어오더니 저녁도 먹기 싫다며 자기 방으로 들어가버렸다. 무슨 일이 있었나 싶어 나중에 물어보니 속상했던 마음을 그제야 털어놓는다.

"오늘 실수를 했어요. 세금 관련 업무라 그런지 생각보다 신경이 많이 쓰이네요. 이런 날은 저답지 않게 머릿속에서 실수한 것이 자꾸 생각나서 힘들어요."

사회생활에는 책임이 동반되는 것이 당연하지만 그래도 짠한 마음이 들어 등을 토닥거리며 위로해주니, 녀석은 씩 웃으며 도리어 우리를 달랬다.

"근데 엄마, 아빠! 저희 회사는 다른 회계사무소들과 좀 다른 것 같아요. 분위기도 좋아서 저하고는 여러 가지 면에서 맞고요. 일은 어차피 어느 곳에서든 배워야 하는 것이니 다시 힘내서 해볼게요."

"저는 문제아가 아닙니다!"

이렇게 자기소개서를 작성할 때까지만 해도 막내에게는 세상의 편견과 맞서야 한다는 두려움이 있었을 것이고, 어린 나이에 뛰어든 사회니 입사한 뒤에도 갈등의 순간들을 겪었을 것이 분명하다. 하지만 막내는 벌써 3년째 잘 견디며 일하고 있다. 가족같이 돌봐주시는 회사 분들이 안 계셨다면 어림도 없었음을 잘 안다.

'옥은찬 주임'이라는 명함을 쑥스럽게 건네며 웃음 짓던 아들. 두려움도 있고 부족함도 많지만, 그러기에 더 열심히 부지런히 노력하고 도전하는 막내에게 박수를 보내고 싶다.

군에 가는
사람은
뽑지 않아요

쉽게 취직될 것 같아 꿈에 부풀었던 첫 시도가 무산된 뒤, 둘째는 한동안 낙심한 듯 보였다. 그 상황에서 아이의 마음을 힘들게 하는 일이 또 발생했다.

"입영신체검사 통지서가 나왔네요. 군에 가는 것이 두렵지는 않지만 아무것도 시도해보지도 못하고 군에 가기는 싫은데……."

둘째는 목표가 생기면 뭔가 체계적으로 마무리하기까지의 과정을 중요하게 여기는 성격이다. 그래서인지 취득한 자격증을 활용해보지 못하고 군대에 가게 될 상황에 무척이나 속상해했다. 자기가 할 수 있는 것들은 다 해보려는 듯 워크넷 구직란에도 자신이 원하는 근무 조건을 작성해서 올렸지만, 대부분의 회사는 경력자를 뽑는 것이 현실이라 취직은 여의치 않은 듯했다. 하루는 둘째가 땅이 꺼질 듯 한숨을 쉬며 말했다.

"구직 정보를 많이 올렸는데도 연락오는 곳이 없어서 몇 군데 전화해보니, 모두들 조금 근무하다 군에 갈 사람은 뽑지 않는다고 하네요."

최선을 다했지만 군 문제 때문에 해결할 수 없는 부분이라면 마음을 비우자고 달랬지만 허탈한 표정을 지으며 말했다.

"신체검사를 받더라도 약 1년은 지나야 군대에 갈 텐데 그동안은 뭘 해야 하죠?"

목표를 갖고 달려왔는데 몇 번의 구직 시도가 불발로 끝나자 의욕이 사라진 것 같았다.

"너무 부담 갖지 말고 군대에 가기 전에 다른 자격증이라도 더 따면 어떨까?"

이런 우리의 제안을 따라 방법을 찾던 둘째가 스스로 찾아내어 가게 된 곳이 바로 폴리텍대학이었던 것이다. 컴퓨터응용기계설계학과에 입학한 뒤 열심히 공부한 둘째는 기계설계 관련 자격증을 취득했고, 졸업을 앞둔 시점에서 다시 구직을 시도했다.

"어쩌면 더 좋은 기회를 잡을 수 있을 것 같아요. 병역특례업체에 입사하면 군 복무를 대체할 수 있대요."

둘째는 병역특례업체에 취직해보겠다는 목표를 정한 후 열심히 알아보기 시작했다. 동기 몇 명은 학교에서 지정해준 곳으로 갔지만 자신은 스스로 찾아보겠다는 생각이었다.

"위치나 입사 후의 업무 등을 정확히 알아보고 제 스스로 결정하는 게 좋을 것 같아요. 무턱대고 소개로만 입사했다가 자기와 맞지 않아서 나온 친구들도 적지 않거든요."

집으로 돌아와 회사를 알아보던 둘째가 하루는 헬스케어기기를 만드는 중소기업의 자기소개서 양식을 우리에게 보여주었다. 녀석은 회심의 미소를 입가에 머금고 있었는데, 자기소개서를 보니 다음과 같은 항목들이 적혀 있었다.

1. 지난 1년간 자신의 노력으로 성취한 결과물을 쓰고, 그 결과를 얻기 위해 노력한 점을 서술하시오.
2. 주변 사람들과 비교하였을 때, 남들과 다른 본인만의 특징을 구체적으로 서술하시오.
3. 지금까지의 경험 중 가장 고생했다고 생각되는 경험을 서술하시오.

"엄마, 아빠! 이 세상에 헛된 경험은 없는 것 같아요. 이걸 읽자마자 제가 써야 할 내용이 마구 떠오르니 정말 기분 좋은데요?"

무엇이든지 내공이 쌓이면 자신 있게 도전하는 기질의 아이인지라 어느 때보다 신이 나보였다. 둘째가 답변한 내용의 일부분을 소개하면 아래와 같다.

"학교 입학식 날, 지난해 세 개의 자격증을 취득한 졸업생의 이름이 적힌 플래카드가 학과 건물 앞에 걸려 있는 것을 보고 '나도 꼭 자격증 세 개는 취득해서 졸업하겠다'라고 결심했습니다. 입학 한 달 뒤에 선반 필기시험이 있다는 것을 알고 입학과 동시에 책을 사서, 처음 보는 용어나 이해가 안 되는 부분은 교수님들께 직접 여쭤가며 방과 후에도 혼자 도서관에 남아 공부했습니다. 저희 학과생 60명 중 다섯 명이 첫 시험에 합격했는데 저도 그 안에 포함되어 정말 기뻤습니다. 그 뒤 선반 시험을 치르는 형 두 분과 함께 실습을 했고, 남들이 모두 쉬고 있을 때도 선반을 만지면서 기술을 하나하나 익혀 나갔습니다."

둘째의 소개서를 읽고 있자니 눈물이 핑 돌았다. 목표를 향해 성실히 노력해준 것이 너무나도 고마웠기 때문이다.

그렇게 작성한 자기소개서 덕분인지 1차 서류 심사를 통과한 녀석은 며칠 뒤 천안에 있는 공장으로 면접을 보러갔다. 1차에서 합격한 네 명이 2차 면접을 거치는데, 면접을 통과한 한 명만이 최종 면접을 보기 때문이라 그런지 긴장하는 빛이 역력했다.

"아무래도 자신이 없어요. 다른 사람은 저보다 나이도 많고 경력도 있는 것 같던데……"

사회에 나가기 위해 치열한 경쟁의 관문을 통과하려는 아이가 안타까웠지만, 애써 무관심한 척 내색조차 하지 않은 채 며칠을 보냈다. 그러던 어느 날 둘째가 어쩔 줄 몰라하며 외쳤다.

"야호! 저 2차 합격했어요. 다음주에 서울 본사로 최종 면접 보러 오라고 하네요!"

어느 때보다 기뻐하는 둘째를 바라보니 그저 모든 것이 꿈만 같았다. 여행에서 돌아와 친구들이 수능시험을 칠 때도 흔들림 없이 자신의 길을 만들어갔던 녀석이 혼자만의 외롭고 힘든 노력 끝에 얻은 결과라서 더 기뻤다. 둘째는 서울 본사에서 이루어진 사장님의 최종 면접에서까지 합격했다. 그토록 바라던 취직에 성공했고, 군 문제까지 해결할 수 있는 2년 10개월의 회사생활을 활기차게 시작했다.

회사는 평택과 천안 분기점에 위치해 있었기 때문에 평택의 사택에서 생활하게 된 둘째는 주말마다 집에 올라와서도 끊임없이 회사 이야기를 하기 바빴다.

"저희 회사가 중소기업 중에서도 조금 특별한 곳 같아요. 미국, 중국, 일본에 수출도 하는 등 앞으로의 발전 가능성도 높아 보이고요. 그런 곳에 제가 취직했다는 게 정말 믿기지 않아요."

　이런 마음을 가졌으니 회사생활에 대해서도 고되다는 느낌보다는 보람과 긍지를 갖는 경우가 훨씬 많은 듯했다. 그런데 하루는 전 부서의 신입사원을 대상으로 한 2박 3일짜리 연수를 마치고 돌아온 둘째가 조금 겸연쩍게 웃으며 이야기했다.

　"연수 자료 중 한 권은 전부 영어인 데다가 연구팀의 신입사원 형은 카이스트 졸업생인데 확실히 똑똑하더라고요. 전 이번 연수에서 아무래도 꼴찌를 할 것 같아요."

　꼴찌일 것 같다는 아들의 말에 모두 폭소를 터뜨렸지만 말하는 아들, 듣는 부모, 함께 자리한 형제들 중 어느 누구도 그것을 부끄럽게 여기지는 않았다. 지금은 꼴찌여도 괜찮다는 생각 때문이었는데, 그 이유에 대해서는 폭소 뒤에 나온 아들의 한마디가 정답이 될 것이다.

　"제 실력이 짧으니까 지금은 꼴찌를 하는 것이 당연하지만, 열심히 공부해야죠. 당당히 기술사 자격을 딸 때까지 말이에요."

Don't worry,
be happy!

"저는 자격증만 취득하면 바로 취직이 될 것 같아요."

아직 피부미용관리사 자격증 시험도 치지 않았는데, 학원에서 함께 공부한 언니의 어머니께서 하시는 피부미용관리실에서 같이 일하자는 제안을 받았다며 딸이 말했다. 어리둥절해하는 우리에게 아이는 강한 포부를 보이며 상황을 설명해주었다.

"저랑 같이 공부하는 언니인데, 미대 졸업해서 결혼하고, 아이를 낳은 뒤 몇 년간 쉬고 있었대요. 어머니께서 운영하시는 관리실에서 함께 일하려고 학원에 등록했다고 하더라고요."

딸아이가 스무 살의 나이에 꿈을 위해 자격증을 취득하는 것을 본 그 언니는 빠른 출발이라며 격려해줬고, 그렇게 예쁘게 봐주신 덕분에 첫째는 피부미용관리실에 취직이 되었다. 무슨 일이든 하면 잘할 수 있다고 믿는 성향이 강한 첫째는 의욕적으로 일을 시작했다.

"예전에 제가 공부했던 병원 코디네이터 과정이 큰 도움이 돼요."

새로 전단지를 만드는 등의 홍보 활동과 더불어 온라인 관리를 맡은 딸은 자신의 일을 열심히 해나갔다. 원장님도 자신의 딸과 우리 집의 첫째가 함께 일하게 된 것을 새로운 기회로 삼으려는 듯 관리실 운영에 변신을 꾀했다. 딸은 병원 코디네이트 과정에서 배운 것들을 활용하여 고객관리 및 홍보 방법, 정기권 고객 확보 등에 관한 전략을 세우며 열의를 다했다. 하지만 피부미용 관리라는 업무가 육체적으로 그렇게 만만치는 않았는지, 녹초가 되어 돌아오는 날이 많았다. 그러던 어느 날, 첫째가 말했다.

"모든 것을 고객 위주로 맞춰야 하는 서비스업이라 그런지 신경이 많이 쓰여요."

아직은 일에 익숙해지지 않았기 때문일 것이라 생각하며 격려해주었지만, 두 달 정도가 지나자 첫째의 고민은 더 깊어졌다.

"아무래도 다른 사람의 피부를 직접 만지는 일이 제게는 맞지 않나 봐요. 어떤 분도 그런 점이 부담스러워서 일을 그만두었다고 하시던데, 제가 그런 것 같아요."

일단은 적응기인 만큼 최대한 인내하며 계속해보기로 했지만, 점점 자신이 하는 일에 대해 이런저런 생각이 많아지는 것처럼 보였다. 비만관리라는 새로운 분야를 배우고 싶다는 의사를 내비치면서도, 이미 동생들이 각자의 영역을 착실히 개척해나가는 모습에 부담을 느꼈는지 피부미용관리실 일을 그만두겠다는 말은 하지 않았다. 당시 막내는 1월부터 회계사무소에 입사하여 다니고 있었고, 둘째는 폴리텍대학에서 공부하며 열심히 자격증에 도전하고 있던 상황이었다. 예전 같으면 이런 첫째의 행동에 대해 인내심이 부족하다며 야단을 치고, 조목조목 이유를 내세우며 무조건 반대했을 것이다. 그러나 우리 부부는 아이가 어떤 선택을 하더라도 스스로 결정한 것이니 일단 믿는다는 원칙을 지키기로 했다. 단, 그에 따르는 한 가지 전제에 대해서는 명확히 선포했다.

"이미 우리 가족은 자녀독립 프로젝트를 진행할 것을 서로 약속했으니, 다른 부분에 도전하는 것까지는 막지 않겠다. 그러나 새로운 것을 배우고 싶다면 기존에 일하는 곳에서 학원비를 마련하는 등의 대책을 세운 뒤 시작하면 좋겠다."

딸도 이미 그런 부분에 대해서는 각오한 바 있다는 듯 계획을 내놓았다.

"저도 무조건 그만두려는 것은 아니에요. 사실은 서울에서 비만관리에 대해 배울 수 있는 학원들을 알아봤는데, 6개월을 공부해야 한대요. 그래서 지금 일하는 곳에서 모은 돈에 나중에 학원 다니면서 할 아르바이트비를 보태서 학원비를 스스로 해결해보려고 해요."

그리하여 딸은 어렵게 취득한 피부미용관리사 자격증을 5개월 만에 뒤로하고 비만관리 공부를 시작했다. 솔직히 속에서 부글부글 부아가 치밀긴 했지만, 하고 싶어 하는 것이 많은 아이임을 알기에 격려해주었다.

"그래도 다행이다. 우리 딸은 군대를 안 가니까 적어도 2~3년 정도는 더 도전해볼 수 있잖니? 일단은 엄마 아빠도 기다려줄게."

서로의 관계가 회복되지 않았더라면 이런 말도 자신을 비꼬는 것으로 받아들였을 텐데, 딸도 우리의 마음을 아는지 미안함을 나타내며 힘없이 말했다.

"제가 맏이라서 자녀독립 프로젝트를 잘 해내야 할 것 같은데, 정작 저만 헤매고 있는 것 같아서 죄송해요."

이런 말과 함께 갑자기 닭똥 같은 눈물을 뚝뚝 흘렸다. 부모에게 부담을 주지 않아야 한다는 마음이 컸던 것 같았다.

"아냐, 그렇지 않아. 예전에는 네 기질을 모르고 무조건 변덕이 심하고 노력하지 않는다고 몰아붙여서 정말 미안해. 엄마 아빠도 사실 조금 불안하긴 하지만, 지금 늦는다고 영원히 늦는 것은 아니잖아? 같이 노력해보자."

우리 딴에는 위로라고 한 말이었는데, 딸은 더 서럽게 울기 시작했다.

"사실 한국 들어와서 우리 가족이 방송도 나가고, 책도 출간되고 해서 처음에는 좋았어요."

이건 또 무슨 이야기란 말인가? 우리 부부는 서로 눈짓을 주고받으며 일단은 아무런 말없이 아이의 이야기만 들어주자는 신호를 보냈다. 딸의 하소연은 계속되었다.

"그런데 시간이 갈수록, 부모님이 중요한 일을 하신다는 생각이 드니까 저도 잘해야 한다는 부담감이 생겼어요. 그런데 제대로 하는 것이 하나도 없는 것 같아서……."

조용히 딸의 말을 듣다보니, 아이가 느꼈을 압박감이 충분히 이해되었다.

"윤영아, 네 얘기를 듣고 보니 부담감이 컸을 것 같아. 많이 힘들었지?"

엄마 아빠가 자신의 감정을 이해하며 위로를 건네자, 딸은 좀더 편안하게 마음속 이야기를 꺼내놓기 시작했다. 그렇게 이런저런 대화를 하며 2시간 정도 흘렀다.

"그렇지만 부담감보다는 자랑스러운 마음이랑 잘 해보고 싶은 마음이 더 커요."

이렇게 말하는 것을 보니 딸의 마음이 어느 정도 진정된 것 같아 격려

의 말을 건넸다.

"자녀독립 프로젝트는 누군가에게 보여주기 위한 것이 아니란다. 시행착오를 겪을 수도 있고, 가다가 실패할 수도 있어. 그럴 때라도 오늘처럼 이렇게 서로 마음을 열고 얘기하는 게 중요하겠지?"

엄마는 아빠의 위로를 받은 딸을 안아주며 더 큰 사랑을 전했다.

"공부 잘하고, 실패 안 하고, 모든 것을 알아서 척척 잘하는 아이라서 너를 사랑하는 것이 아니란다. 너는 엄마 딸이기 때문에 엄마에게 소중한 거야! 사랑해요! 힘내요!"

키가 엄마보다 훨씬 큰 딸이 작은 체구의 엄마 품에 안겨서 위로와 새힘을 얻는 순간이었다. 그 뒤 딸은 자신이 하고 싶다던 토털케어센터의 꿈을 다시 되새기며 지금은 피트니스센터에서 트레이너로 일하고 있다. 여자로서 트레이너 과정을 배우며 일한다는 것이 쉽지 않을 테지만, 예전보다 훨씬 큰 인내심과 성실함을 보이는 딸의 모습이 기특했다.

"실패해도 다시 시도한다면, 그리고 또 시도한다면 그것은 끝이 아니에요. 중요한 건 어떻게 끝내는가죠. 백 번을 실패해도 전 다시 일어나려고 시도할 거예요. 도전한다면 실패가 아닙니다. 강인하게 이겨낼 건가요? 걱정하지 마세요.(Don't worry, be happy!)"

머리, 몸통 그리고 발가락 두 개 달린 왼발만 갖고 태어났지만, 지금은 전 세계의 사람들에게 희망을 주는 강연가로 살아가는 닉 부이치치(Nick Vujicic)가 한 말이다.

언젠가 부모 코칭 강의를 할 때 딸이 와서 도와준 적이 있었다. 강의를 마치면서 참석자들에게 닉 부이치치의 동영상을 보여주었는데, 강의를 들는 엄마들보다 딸들이 더 많이 울었던 기억이 난다. 그때는 예사로 넘겼는데, 딸의 고민을 듣고 보니 딸이 흘렸던 눈물의 의미를 알 것 같았다. 주저앉지 않고 다시 일어선 딸에게 이렇게 외쳐본다.

"Don't worry, be happy! 실패해도 다시 도전하면 실패가 아니란다."

돈 버는 것,
쉽지
않네요

"아빠가 지금까지 저한테 해주신 게 뭐가 있다고 그러세요?"

"아니, 그러면 지금까지 너는 저절로 자랐다는 거니?"

거실에서 큰 소리가 들려왔다. 아빠와 중학교 3학년짜리 딸이 흥분한 채 서로 씩씩대고 있었다. 무슨 일인데 이 소란일까? 방에서 나오는 엄마를 향해 딸이 더욱 볼멘소리로 쏘아붙였다.

"엄마는 그깟 옷 하나 사달라는데 꼭 그렇게 아빠랑 의논까지 해야 되는 거예요? 다른 집 애들은 브랜드 옷도 잘만 입고 다니는데."

졸업여행을 간다며 새 옷을 사달라는 딸에게 입을 옷이 있다는 이유로 사주지 않자, 기어이 딸은 아빠까지 '아무것도 해준 것 없는 부모'로 몰아세웠다. 보란 듯이 아빠 앞을 휙 지나쳐 방문을 꽝 닫고 들어가버리는 딸. 멍하니 서 있던 아빠가 기가 막힌다는 듯이 혼자 중얼거렸다.

"그래, 너한테 아빠는 돈 대주는 기계지? 돈 안 대주면 아무 필요도 없고?"

사춘기로 접어든 아이들이 부모와 눈을 맞추며 대화를 해올 때는 영락 없이 돈이 필요한 경우였다. 어릴 적부터 근검절약을 중요시하도록 키웠지만, 아이들의 소비 관념은 부모의 그것과 천지 차이였다. 다른 아이들과 비교하며 '다른 집 부모들은 사주는데 왜 우리 집은 안 되느냐'며 은근히 불만을 나타내기도 했다. 어렸을 적 밥이 없어서 굶었다는 아버지에게 "그러면 라면과 피자를 먹으면 되지, 왜 굶어요?"라고 말하는 게 요즘 아이들이라고 하니, 부모와 자녀간의 경제관념은 출발부터 다를 수밖에 없을 것이다.

이랬던 아이들이 여행을 하면서 혹독한 훈련을 받았다. 여행 경비를 한 푼이라도 아끼기 위해 배를 곯기도 했고, 더운 이집트에서는 목이 말라도 물이 비싸기 때문에 억지로 참아야 했으며, 가격이 저렴한 게스트하우스만 찾아다니며 온힘을 다해 절약하고자 했다.

한국으로 돌아와 자녀독립 프로젝트로 자신들이 돈을 벌기 시작하면서부터 아이들이 받는 훈련은 더욱 강해졌다. 아니, 훈련이 강해졌다기보다는 현실을 제대로 인식하기 시작했다는 말이 옳을 것이다.

"힘들면 지하철을 타고 다니지, 왜 자전거를 타고 가니?"

출근하는 길에 엄마가 잔소리를 해도 막내는 주저함 없이 자전거를 끌고 나가며 말했다.

"지하철보다 자전거가 더 빨라요. 교통비도 절약하고 건강에도 좋잖아요."

지하철역까지 걸어가는 시간까지 합치면 자전거가 더 빠르다는 이유였지만, 아무래도 시간보다는 교통비를 아끼려는 의도가 강했다.

"제가 지금은 인턴 사원이라 한 달에 100만 원 받는데, 차비까지 쓰면 남는 게 별로 없어요. 일단 저축부터 시작하고 싶어요."

막내는 100만 원의 월급 중 70만 원을 저축하고 나머지는 점심값과 용돈으로 사용하겠다고 했다. 원래 돈에 민감한 녀석이니 통장에 한두 푼씩 모이는 것이 보여야 힘이 날 것 같기도 했지만, 70만 원을 저축하면 남는 게 없을 것 같아서 저축액을 조금만 줄이자고 했다.

"엄마, 돈 벌기가 얼마나 힘든 줄 아세요? 새벽까지 세금 계산하고 힘들게 받은 돈인데 그냥 사라져버리면 허무할 것 같아요."

며칠 뒤, 막내는 또하나의 사건이 일어났다며 들어오자마자 이야기보따리를 풀었다.

"저랑 같이 입사했던 형이 어제 퇴사했어요."

1월에 함께 입사한 대졸자 형이 몇 주 만에 퇴사했으니 막내의 일은 점점 더 어려워질 것 같기도 했다. 그런데 이어진 막내의 말이 압권이었다.

"지금 제 나이에 어디 가서 이만큼의 월급을 받을 수 있겠어요? 전 지금도 감사해요."

대학 졸업 뒤 자신이 받아야 하는 대접에 대한 기대치가 올라가 있는 경우에는 처음 시작하는 사회생활에서 낮은 연봉에 자존심이 상하고, 힘든 일이 생길 때면 '내가 이런 대접을 받을 사람이 아닌데'라는 마음이 들수도 있다. 그에 비하면 막내는 자신이 부족하다는 생각이 있어서인지 오히려 견뎌내고자 하는 의지가 강했다. 참으로 좋은 배움의 현장이자 스승 같은 직장에 다니는 셈이니 고마울 뿐이다.

입사 후 3개월이 지나 인턴 과정까지 마친 어느 날, 막내는 이렇게 이야기했다.

"저 이제 30만 원 더 적금 듭니다. 오른 만큼 모아야죠."

친구들이 아직 고등학생이라 씀씀이가 별로 크지 않다는 것도 막내가 열심히 저축할 수 있는 요인이 되긴 했지만, 어지간히도 지독한 녀석이라는 생각이 들었다.

첫째가 취업하기까지는 우여곡절이 많았다. 피부미용관리실의 일이 본인에게 맞지 않는 것 같다며 5개월 만에 그만둔 뒤, 그동안 스스로 모아왔던 돈으로 비만관리사 공부를 시작했다. 토털케어센터를 만드는 것이 최종 목표임을 생각해보면 비만관리는 가장 기초에 해당하므로 언젠가는 배우고자 했던 분야였는데, 피부미용관리 쪽이 맞지 않음을 알았으니 조금 빨리 실행하고 싶다는 것이었다. 하루는 강남의 한 학원에서 상담을 받고 오더니 자신의 계획을 설명해주었다.

"학원이 커서 그런지 나중에 취직 자리까지 연결해준대요. 모자라는 학원비는 피트니스센터에서 파트타임으로 일해서 내면 될 것 같아요."

피트니스센터에서 파트타임 일자리를 구한 것도 비만관리와 연결이 되기 때문이란다. 비만관리 과정을 배운 뒤에는 트레이너 과정을 밟을 것을 염두에 두고 있는 듯했다.

그때부터 첫째는 오전에는 학원에서 공부하고, 오후에는 피트니스센터에서 일하며 6개월에 걸친 비만관리 과정도 공부하기 시작했다. 피트니스센터에서는 가장 사람이 많은 오후부터 저녁 10시까지 근무하다보니 집에 돌아올 때는 파김치가 되어 있었다. 인체까지 공부해야 하는 비만관리 과정을 열심히 따라가던 딸이, 공부가 다 끝날 때쯤이 되자 실망스런 말투로 힘없이 말했다.

"처음 설명과 달리 학원에서는 별로 책임감 있게 학원생들을 이끌어주는 것 같지 않아요. 다들 사기당한 느낌이 든다고도 해요. 힘들게 번 돈을 전부 학원비로 넣었는데……."

자격증에 관해 넘쳐나는 광고들! 마치 그것 하나면 번듯한 직업이 보장되는 것처럼 선전하지만 실상 그중의 상당수는 허상에 불과하다는 것을 뼈저리게 느꼈다. 정말 열심히 공부했던 아이가 마지막에 이런 이유로 흥미를 잃는 것 같아서 안타까웠다. 그러던 어느 날, 첫째가 뜻하지 않은 말을 했다.

"파트타임으로 다니던 피트니스센터에서 앞으로 계속 트레이너 과정을 배우면서 일할 수 있게 해주신대요. 제가 그래도 착실히 일했나봐요."

비만관리를 배운 것만으로 취직이 되지는 않았지만, 첫째는 그동안 학원에서 배운 내용을 토대로 트레이너 과정을 잘 배우며 일해보고 싶다는 의지를 나타냈다. 당장 눈앞에 드러나는 결과만을 생각하는 것이 아니라 전체 계획을 염두에 두고 선택하는 힘도 점차 길러지는 것 같고, 시행착오는 있지만 노력하는 모습이 기특했다.

둘째는 폴리텍대학을 마치고 천안의 회사에 다니면서 월급에서 차비, 생활비 등을 제외한 80만 원 정도를 적금에 들기로 했다. 매사 신중한 성격이라 그만큼 실수가 적고 항상 근검절약하는 편이라 가능한 일이었다. 앞으로 더 배우고 싶은 것이 있기 때문에 조금씩 따로 모아둬야 하는데, 일단은 그 정도씩만 저축하겠다는 것이 둘째의 계획이었다. 둘째 본인은 적은 액수라고 생각했는데, 120만 원의 월급 중 80만 원을 저축한다 하니 회사 분들이 "어떻게 그렇게 많이 저축할 수 있느냐?"라며 신기해하셨단다. 사실 매주 평택과 집을 오가고, 사택 관리비도 내며 필요한 것들 약간을 사버리면 거의 남는 것이 없을 것 같았다.

"그래도 지금 이렇게 준비하지 않으면 나중에는 더 힘들 것 같아요. 제 이름으로 된 통장이 있다는 것이 뿌듯하기도 하고요."

둘째 역시 자신이 다니는 회사에서 퇴사하는 직원들이 많다고 했다.

"솔직히 일이 쉽지는 않아요. 그래도 같이 일하시던 분들이 너무 쉽게 퇴사하시는 듯해서 조금은 의아한 마음도 들었어요. 견디지 못할 만큼 힘들지는 않은 것 같은데 말이에요."

그래도 힘겨운 점들이 꽤나 있을 텐데 평소 성격만큼이나 무던하고 성실히 일하며 불평하기보다는 인내심을 발휘하는 둘째가 그저 고맙다.

첫 월급을 받은 날, 둘째가 식구들에게 한턱 쏘겠다고 했다. 막내가 오랜만에 소고기를 먹자고 제안하자 둘째가 펄쩍 뛰며 난감한 표정을 지었다.

"소고기는 금액상 너무 무리인 것 같아."

둘째의 말에 "첫 월급인데 그 정도도 안 쓰려고?"라는 말을 하려는 찰나, 막내와 첫째가 이구동성으로 동의를 표했다.

"맞아! 어떻게 번 돈인데! 소고기는 다음에 먹자."

결국 우리는 한 단계 낮추어 점심 특선 오리고기를 먹으러 갔다. 물론 소고기보다 더 맛있었음은 두말할 나위 없다.

6장

대학, 또다른
길을 가다

자녀독립 프로젝트 4단계: 공부하기 .

내 실력이
모자라네요

"도대체 하라는 공부는 안 하고 엉뚱한 짓만 하니 정말 울화통이 터질 지경이에요."

아들과 함께 상담하기 전에 먼저 우리에게 꼭 하실 말씀이 있다며 아들보다 조금 일찍 방문하신 한 엄마가 자리에 앉자마자 흥분을 감추지 못하며 속마음을 쏟아내셨다.

"저희 집안사람들은 공부를 잘해서 거의 모두가 일류대를 나왔어요. 그런데 유독 제 아들만 공부를 못해요. 남편도 저도 죽을 지경입니다."

따뜻한 국화차와 함께 한참 이야기를 들어드리니 그제야 조금은 진정되셨는지 눈물을 글썽거리시며 마음이 아픈 듯 말씀하셨다.

"그런데 우리 아들도 참 힘들겠죠? 이런 부모를 만나서……."

부모도 자식도 모두 힘들다고 느끼는 공부! 가정 안에서도 이 공부라는 놈은 기쁨보다 갈등을 더 가져오는 듯하다.

그런데 세상에는 광고회사 빅앤트 인터내셔널(Big Ant International) 대표인 디자이너 박서원씨 같은 사람도 있다. 두산그룹 박용만 회장의 장남인 그는 고등학교 때 반에서 53명 중 50등이었을 정도로 공부에 흥미가 없었다. 그러나 27세 때 디자인에 반해 광고의 길에 들어섰고, 디자인을 공부하면서부터는 한 장의 과제가 주어지면 100장을 그리는 열정과 근성 덕분에 교수와 학생들 사이에서 '미친 놈'으로 통했다고 한다. 2006년, 그는 네 명의 친구와 빅앤트를 만들어 3년 만에 한국인 최초로 국제 5대 광고제를 석권했고 뉴욕 원쇼에서도 3년 연속으로 수상하며 유명해졌다.

"학교를 두 번 자퇴했고, 전공을 여섯 번 바꿨어요. 적성을 찾기 전까지는 원 없이 놀았죠. 그러다 즐겁게 할 수 있는 일을 찾았고 그 후로는 누구보다 노력했어요. 창의성의 기본은 즐거움이 아닐까요?"

그의 말처럼 창의력은 즐거움에서 나오는 것이다. "공부를 어떻게 재미만으로 할 수 있느냐?" "재미만으로 일하는 사람이 어디 있냐?"라고 말하는 어른들도 많지만, 그는 '재미'를 찾기 위해 무던히도 많은 시도를 했다. 한 학기 등록금을 걱정해야 하는 대부분의 대학생들에겐 '원 없이 놀았다'는 그의 말이 배부른 소리처럼 들릴 수도 있다. 하지만 비록 상황은 다를지라도 자신의 길을 찾기 위해 누구보다 고민하며 이십대의 대부분을 보냈다는 점은 동일하다. 그가 쓴 『생각하는 미친 놈』이라는 책의 제목처럼, 그는 '미친 놈'이라는 소리를 들을 정도로 자신의 모습을 찾기 위해 깊이 생각하고 또 생각했을 것이다.

대체 그놈의 '재미'가 무엇이었기에 그는 27세가 되어서야 대학 1학년이 되었을까? '학이시습지불역열호(學而時習之不亦說乎)', 즉 '배우고 때맞추어 익히니 또한 기쁘지 아니한가'라는 공자의 말은 윤리 교과서에 나온 덕분인지 요즘 아이들도 술술 외우는 문구다. 그러나 막힘없이 줄줄 외우는 데서 그칠 뿐, 그 의미처럼 배움을 기쁨으로 여기는 아이는 찾아보기 힘들다. 배움에서 즐거움을 잃어버린 까닭은 무엇일까? 가장 큰 이유는 아이들 스스로 공부하고자 하는 이유를 찾지 못할 뿐 아니라, 자기가 원하는 공부를 하는 것이 아니기 때문일 것이다. 이러한 점은 여행을 다니는 동안 우리 아이들을 통해서도 확실히 알 수 있었다.

두 달 반에 걸쳐 남미를 여행할 때의 일이었다. 남미에서 보내는 시간이 길어질수록 그곳에 대한 아이들의 호기심도 깊어지더니, 끝내는 '꼭 스페인어를 배우고 싶다'는 요청을 해왔다. 아이들이 원하는 것이니 들어주고 싶긴 했지만 전체 일정을 갑작스럽게 변경하는 것 또한 어려울 것 같아 솔직히 고민스러웠다. 그러자 세 녀석은 조르기 시작했다.

"여행을 좀 줄여도 괜찮아요. 분명 우리 세대에는 우리나라와 남미 대륙이 서로 긴밀해질 거예요. 스페인어만 알아두더라도 무슨 사업이든 할 수 있을 것 같으니 꼭 배우고 싶어요."

결국 아이들의 열정에 못 이겨 두 달 동안 머물며 스페인어를 공부하기로 계획을 조정했다. 그리고 놀랍게도 그때부터 세 녀석은 '공부의 달인'으로 돌변했다.

"공부가 이렇게 재미있다니! 스페인어를 공부하기로 한 건 진짜 잘한 일 같아요!"

공부 좀 하라고 그렇게 잔소리할 때는 그저 핑계거리를 대며 빠져나갈 궁리만 하던 녀석들이었는데, 자신들이 하고 싶어 시작한 공부에는 엄청난 열의를 다해 매달렸다. 덕분에 지금도 아이들은 스페인어로 무리 없이 대화할 수 있게 되었다.

배움에 대한 열망을 스스로 갖는 것의 중요성은 한국에서 아이들이 취업한 뒤에도 확인할 수 있었다. 박서원 대표처럼 하루에 2시간만 잠을 자며 매일 수백 장의 그림을 그리는 괴력(?)을 발휘한 것은 아니지만, 마음을 움직이는 힘은 비슷함을 발견했다.

자격증을 취득하고 일을 시작하면서 아이들이 크게 깨달은 것에는 두 가지가 있다. 첫번째는 돈 벌기가 쉽지 않다는 것, 두번째는 자신들의 실력이 부족하다는 것이었다. 그래서인지 아이들은 이구동성으로 공부를 더 해야겠다고 말했다. 아직은 실력이 짧다는 것을 인정함과 동시에 자신의 영역에서 잘하고 싶다는 마음이 작용한 결과였다.

회계사무소에 입사하여 정신없이 바쁜 한 달을 보냈던 막내가 하루는 심각한 얼굴로 집에 들어섰다.

"아휴, 엄마! 저 오늘 회사에서 치른 시험에서 꼴찌하는 바람에 재시험을 봐야 할 것 같아요."

무슨 말인가 했더니, 업무에 관련되는 신입사원 교육과 시험이 있었는데 낙제를 했단다. 다음 시험에서도 성적이 안 좋으면 인턴에서 회사생활이 끝날 수도 있다고 했다. 그날부터 막내는 퇴근하고 집에 돌아온 뒤에도 책상에 앉아 낑낑대며 공부하기 시작했다. 그리고 얼마 뒤 재시험을 치르고는 입이 귀에 걸려 자랑스럽게 이야기했다.

"야호! 드디어 통과했어요! 80점을 넘었다니까요!"

그러면서 막내 나름의 명언을 남겼다.

"역시 실력 없이 덤비면 힘든 일을 당할 수밖에 없나봐요. 이래서 자고로 사람은 배워야 한다니까요. 열심히 저축해서 돈을 모으면 꼭 경영학을 공부할 거예요."

이와 비슷한 경험은 둘째에게도 있었다. 주말에 집으로 올라온 둘째는 회사에서 신입사원 프로젝트를 제출하라고 한다며 걱정스런 표정으로 하소연을 늘어놓았다.

"저는 뭐가 뭔지 아직도 잘 모르는 단계인데, 이번에 직접적으로 회사의 업무에 도움이 될 아이디어를 제출하라고 해서서 걱정이에요."

자신의 업무와 회사의 일에 대해 몇 시간 동안 설명하면서 둘째는 어떤 분야에 대해 고민해야 할지 조언을 구해왔다. 우리 역시 문외한이긴 하나 서로 의견을 나누면 좋을 것 같아 부지런히 머리를 굴렸지만 영 뾰족한 아이디어가 나오지는 않았다. 그리고 다음주, 아이는 뭔가 신나는 일이라도 있는 듯 환한 표정으로 들어섰다.

"지난주에 사장님께서 오셨는데 제가 낸 의견이 괜찮다고 하시면서 제품으로 한번 만들어보라고 하셨어요. 그래서 이제부터 계획안대로 해보려고요."

체중, 비만도 등을 동시에 측정할 수 있는 기구의 제품을 테스트할 때, 손잡이와 발판을 보다 편리하게 만들어보고자 하는 것이 둘째가 제출했던 계획안의 내용이었다.

"발판은 일직선이라 괜찮은데, 손잡이는 부드럽게 휘면서도 자석의 성질도 있어서 부착 가능한 재료를 찾아야 해요."

도서관과 서점을 들락거리고 회사의 팀장님 등 여러 분들께 자문도 구하면서 문제 해결에 골몰하던 둘째는, 어느 날 피곤한 기색을 보이며 한숨을 쉬었다.

"제가 영어 실력만 좀더 있어도 전문서적을 참고할 수 있을 것 같은데…… . 정말 제 분야에서 제대로 일하려면 더 공부해야 할 것 같아요."

입사하고 몇 달 뒤, 병역특례업체에 근무하는 터라 한 달간 훈련소에 가야 할 때가 되자 둘째는 향후 계획을 말해주었다.

"훈련소 기간이 끝나면 회사 근무를 마치고 저녁에는 기계설계 공부를 하려고 해요. 제가 정말 하고 싶은 분야는 설계 파트라는 것을 일하면서 알게 됐어요."

자신의 적성에 맞는 일을 하다보니 끊임없이 더 필요한 부분을 찾아서 공부하려는 자기주도성이 발휘되는 것 같았다.

첫째 역시 자신의 일을 하고 자격증을 취득하기 시작하면서부터는 공부하라는 잔소리를 들을 필요가 없었다.

"외워야 할 게 정말 많긴 한데, 사람의 몸이 이렇게나 재미있다는 게 신기해요."

비만관리와 트레이너 과정을 밟는 데 필요한 두꺼운 인체의학 관련서까지 열심히 공부하던 첫째가 하루는 힘없이 들어왔다.

"오늘 어떤 선배가 말하길, 비만관리를 제대로 공부하려면 의대에 가야 한대요. 맞는 말이지만 지금의 제 상황과는 맞지 않는 방법 같아서 괜히 속상해요. 우선 제 실력으로는 당장 의대에 갈 수도 없고, 또 부모님께 그런 부담을 드리기도 싫거든요. 그래도 방법을 찾아봐야죠. 저는 저니까요."

웬 뚱딴지같은 말이냐고 야단만 치기에는 아이의 표정이 심각했다. 당장 대학을 갈 수는 없지만, 일단 이 문제로 고민하는 딸의 말을 들어주며 함께 방법을 찾아보기로 했다.

가장 빠른 코스를 밟아 번듯한 위치에서 일하고 싶다는 마음은 누구에게나 있을 것이다. 자녀독립 프로젝트를 진행함에 있어 이러한 갈등과 고

삶의 재미는 '선택'에서 오는 게 아닐까 생각해봅니다. 자신이 택한 길에서 즐거움과 아름다움을 찾을 때, 사람들은 비로소 살아 있게 되죠. 그 길에서 고통스러움과 추함을 목격하게 될지라도, 그건 좋은 경험일 겁니다. 아이들에게도 스스로 선택하는 삶이 필요합니다!

민은 수없이 많았지만, 그럴 때마다 아이들과 함께 의논하며 하나씩 해결해나갔다. 이런 과정을 거치며 아이들은 자신이 더 공부해야 하는 이유를 깨달았고, 자신의 상황에 맞는 '새로운 배움의 길'에 대해 누구보다도 진지하게 고민했다. 이것이 바로 자녀독립 프로젝트를 통해 거둘 수 있는 큰 소득 중 하나라 할 수 있을 것이다. 그래서일까, 요즘에는 생텍쥐페리의 한 마디가 유달리 마음에 와닿는다.

"당신이 배를 만들고 싶다면, 사람들에게 목재를 가져오게 하고 일을 지시하며 일감을 나눠주는 일을 하지 말라. 대신 그들에게 저 넓고 끝없는 바다에 대한 동경심을 키워주어라."

또하나의
주사위,
대학!

아이들의 회사생활이 안정되어가는 것을 보면서 우리 부부는 아이들의 학업에 대해 고민하기 시작했다. 긴 인생에서 자신이 하고자 하는 목표를 이루어 나가려면 공부는 필수였다. 아이들도 그 필요성을 충분히 느끼고 있는 상황이었기에 이야기를 꺼내도 될 것 같았다. 아빠는 다양한 대학 과정에 대한 정보를 아이들과 공유한 뒤, 스스로 찾아보고 각자의 길을 어느 정도 정한 뒤에 회의를 갖자고 제의했다. 아이들도 앞으로 자신들이 활동할 10년 뒤를 바라보며, 학비 문제 등 자립적으로 자신의 삶을 살아가기 위한 고민을 시작했다. 여행 기간 때문에 또래들보다 학업 과정이 2년 늦어 곧바로 검정고시를 치렀던 것처럼, 이번 사안에 관해서도 우리 가족의 상황에 맞는 새로운 시도를 해야 할 필요를 느꼈다.

열심히 방법을 알아보던 아이들이 가족회의를 하자고 했다.
"검색해보니 사이버대학교, 방송통신대학교, 학점은행제, 독학사 등 아

빠가 말씀하신 대로 대학 과정을 공부할 수 있는 방법은 엄청나게 다양하던데요? 등록금도 일반 대학교보다 많이 저렴하고요."

아이들은 신세계를 발견한 듯 한껏 흥분해서 이런저런 조사 내용들을 알려주었다. 그런데 첫째가 '우려되는 부분이 있다'며 조심스레 의견을 밝혔다.

"그런데 이런 방법으로 공부한 것은 그 가치를 인정해주지 않는 곳이 많다고 하더라고요."

다른 두 녀석도 그 말에 동의하며 조금은 주저하는 듯했다. 둘째가 우리에게 물었다.

"그러면 아무리 저렴하고 언제든지 공부할 수 있다고 해도 결국은 할 필요가 없는 것 아닐까요?"

학업의 필요성에 대한 아이들의 인식, 회사생활과 병행할 수 있는 교육 과정, 학비라는 현실적인 문제 등을 모두 고려해서 여러 방법을 찾아봤던 것인데, 힘들게 공부를 마쳐도 그 가치를 인정받지 못한다면 할 필요가 없다는 아이들의 말이 옳을 수도 있다는 생각이 들었다. 그때 아빠가 아이들에게 질문을 던졌다.

"지금 우리나라의 대학 진학률이 몇 퍼센트인지 아니?"

둘째가 어느 정도 알고 있다는 듯 대답했다.

"아마 80퍼센트는 넘지 않을까 싶어요. 지난해 제 친구들도 몇 명 빼고는 거의 대학에 갔으니까요."

"아빠가 중학생이었을 당시에는 고등학교 진학률이 80퍼센트쯤이었단다. 대학 진학률은 25퍼센트 정도에 불과했고 말이야."

부모 세대의 시절에는 소위 소 팔고 땅 팔아서 대학 공부를 시키면 졸업한 뒤 바로 취업이 가능했다. 그러나 지금은 빚을 내서 아이들에게 사교육을 시켜도, 보장되는 것은 그때와 확연히 다르다. 1970~1980년대의 우리나라는 경제개발정책으로 한창 발전하는 시기였기에 인력이 많이 필요했고, 고학력자에 대한 수요보다 공급이 적으니 당연히 그에 대한 대우도 좋았지만, 지금의 한국은 학력 인플레이션 현상에 시달리고 있다고 해도 과언이 아니다. 이런 부분을 염두에 둔 아빠가 다시 아이들에게 질문을 했다.

"그렇다면 80퍼센트가 넘는 아이들이 대학 졸업자가 되면서 생기는 문제점은 무엇인지 알고 있니?"

그래도 가장 나이가 많은 첫째가 먼저 대답을 했다.

"아무래도 청년실업이 가장 심각하겠죠. 주변의 선배들 중에도 취직 못하고 있는 분들이 많은 데다가, 취업 후에도 직장에 만족하지 못하는 경우도 상당하더라고요. 저도 지금 이런저런 고민이 많지만, 이미 대학을 졸업한 뒤라면 고민하는 정도가 지금보다 훨씬 더할 것 같아요."

다양한 사람을 많이 접하는 첫째는 상황을 정확히 판단하고 있는 듯했다. 자신의 말에 탄력을 받은 첫째가 한 가지를 부탁했다.

"사실 저도 대학에 바로 진학하고 싶은 마음이 있었어요. 하지만 지금은 조금 여유 있게 제가 관심 있는 분야를 경험해보고 공부해야겠다는 확신이 들었을 때 대학에 가고 싶어요."

동생들보다 우여곡절이 많았던 자신의 상황에도 이유가 있으니 믿어달라는 부탁 같았다. 첫째의 말을 듣던 아빠가 다시 아이들에게 질문을 했다.

"앞으로의 사회는 고도화된 융합 직업을 요구한단다. 한 가지 전공만 필요한 것이 아니라 여러 전공이 합쳐져서 새로운 직업이 만들어진다는 뜻이지. 그러니 지금 해보는 경험이 쓸모없다고 생각하지 말고 무슨 일에서든지 최선을 다하면 좋겠다."

막내가 아빠의 설명이 이해되지 않는다는 듯이 말했다.

"융합 직업이 정확히 뭔가요?"

"예를 들어 뉴스를 보면 '의학전문기자', '과학전문기자' 등이 나오지? 의학을 전공해도 말로 표현하는 능력이나 분석하는 능력이 뛰어나면 그 분야의 기자로 나갈 수도 있다는 말이란다. 너희들도 적성검사를 해봤으니 어떤 의미인지 알겠지?"

아빠의 설명에 둘째가 난감한 표정을 지었다.

"그렇다면 그 많은 걸 언제 다 배울 수 있을까요? 한 가지를 배우는 데도 엄청난 시간과 돈이 드는데."

"그렇지, 앞으로 우리 사회의 변화 속도도 지금보다 훨씬 빨라질 테니 대학 과정은 되도록 빨리, 또 부담 없이 배우면서 실제 자기 분야에서도 탄탄한 경험을 쌓은 다음, 그보다 더 깊은 공부는 대학원에서 해보겠다는 시도도 필요해진 거지."

"그렇군요."

"그래서 끊임없이 자신의 커리어를 높이기 위해 배움의 끈을 놓아서는 안 된단다. 아빠와 엄마가 지금도 심리상담과 관련된 분야를 계속 배우고 있는 것을 봐도 알 거야."

아빠의 설명에 조금은 이해가 된 듯 첫째가 말했다.

"그렇다면 아까 말씀드린 사이버대학이나 학점은행제 등이 지금 당장은 가치를 인정받지 못한다 해도 큰 문제가 되지는 않겠군요."

"바로 그거야. 자기 힘으로 해보겠다고 자녀독립 프로젝트에 참여한 너희들이니 이런 방법을 시도해볼 만하다고 생각해. 실제 아빠가 아는 분의 아들도 사이버대학을 나온 뒤 지금은 23세인데 K대 국제학부 대학원에 다니고 있단다. 그런데 우리나라의 부모들이나 학생들 중 대학에 꼭 가야 한다고 생각하는 비율은 어느 정도나 될까?"

대답을 못하고 머뭇거리는 아이들에게 아빠가 통계자료를 보여주었다.

"이걸 보렴. 2011년 서울시 통계에 의하면 '적어도 대학 과정까지는 공부해야 한다'고 생각하는 부모와 아이들의 비율이 99퍼센트에 이른단다. 그렇다고 대학 교육이 필요 없거나 나쁘다는 것은 절대 아니야. 가장 중요한 것은 자신의 적성에 맞는가, 또 공부하는 목적과 방향이 정확히 정립되어 있는가의 여부인 거지."

아빠의 설명을 유심히 듣고 있던 막내가 재빠른 경제관념의 기지를 발휘하여 또하나를 계산해 보였다.

"기존 대학에 다니려면 4년 동안 약 4천만 원이라는 비싼 학비를 내야 하는데, 졸업 뒤에 취직을 못 하면 비경제적인 것 같아요. 부모의 입장에서 봐도 적자일 것이 빤하지 않을까요? 경제적으로 자립할 수 없으니 결국은 부모님이 계속 돈을 써야 할 것이고, 등록금 회수도 어려우니 부모님이나 아이들 모두 경제적으로나 정신적으로도 힘들 것 같아요. 그런 면에서 엄마 아빠는 저희한테 조금 고마워하셔도 될 것 같은데요?"

엄청나게 들어간 여행 경비는 생각하지 않고 오히려 우리더러 고마워하라는 막내의 농담에 모두가 실소를 터뜨렸다. 이런 조사와 토론을 수십 번 거치며 아이들의 진로에 대해 함께 고민한 끝에, 둘째와 막내는 사이버대학에서 공부하는 것으로 결정했다.

"전 지금은 대학 공부에는 별로 관심이 없어요. 혹시 나중에 공부하고 싶으면 1년 만에 학사학위를 취득할 수 있는 독학사 과정을 밟을까 해요."

"독학사는 특히나 힘들 텐데. 할 수 있겠니?"

"다른 사람들도 다하는데, 저라고 못할 이유가 어디 있겠어요."

우리의 우려에도 첫째는 언제나 왕성한 의욕과 가능성을 자랑하는 아이답게 독학사에 대한 포부를 밝혔다.

100퍼센트 불가능해 보이는 독학사에 도전하려는 첫째! 직장이 이미 정해졌으니 일하면서 4년 동안 꾸준히 사이버대학에서 공부하며 그다음 단계의 학업을 위해 돈을 모으겠다는 두 아들! 또하나의 주사위가 던져졌고 세 아이는 다시 새로운 길을 향해 출발하게 되었다.

이거 장난
아닌데요?

벼가 빨리 팰 수 있게 이삭줄기를 뽑아 올리는 데서 유래한 '조장(助長)'이란 고사성어가 있다. 이웃 논에 일찍 팬 벼이삭을 보면 늦게 패는 내 논의 벼이삭에 속이 상할 수도 있다. 그렇다고 우리 집 벼도 그렇게 키를 키우겠다며 이삭줄기를 당기면 어떻게 될까? 당기는 그 순간에야 내 벼가 이웃집의 것보다 훨씬 커보일 수 있겠지만, 과연 그 이삭이 제대로 패고 여물 수 있을까?

독학사 과정을 선택하겠다는 첫째를 보면서 우리 부부는 솔직히 약간 걱정스러웠다. 첫째의 성격과 맞지 않는 방법 같아서였지만, 독학사 과정을 두고 우리 부부가 거쳤던 시행착오의 경험이 생각나서이기도 했다. 사실 여행에서 돌아와 동시에 고졸 검정고시에 합격한 뒤 이전과는 달리 의욕이 늘어난 세 아이를 보니 '좀더 밀어붙여도 잘할 것 같다'는 생각이 들어서, 부모의 욕심은 숨긴 채 그럴 듯한 명분을 내세워 '독학사'라는 미끼를 던졌던 적이 있었다.

"애들아, 1년 만에 학사 학위를 딸 수 있는 독학사 과정이 있는데 공부해보지 않을래? 시간도 빠르게 단축시킬 수 있고 학비도 저렴한 방법이란다. 1년 만에 독학사를 취득하면 너희가 하고 싶은 부분에 대해 지원해줄 테니 한번 시도해보자."

그러나 결과는 완패였다. 자기주도학습에 대한 훈련이 부족한 데다 아무런 동기도 부여받지 못한 아이들이 책만 가지고 인터넷으로 하는 독학사 과정 공부를 재미있어 할 리가 없었던 것이다. 독학사 과정에서는 1단계에서 세 과목의 시험을 통과해야 2단계로 갈 수 있는데 막내는 한 과목만 통과했고, 둘째는 세 과목 15학점을 받았지만 너무 힘들다며 포기하고 말았다. 당시 첫째는 아예 시도도 하지 않았다.

"괜히 책값과 수강료로 70만 원만 날렸네. 부모의 의욕이 앞서면 안 되는 줄 알면서 또 이런 실수를 하다니."

확실히 부모는 자식이 조금만 가능성을 보여도 훌쩍 앞서가는 '오버 맨'이 되기 쉽고, 무엇이든지 빨리 성과를 보려는 욕심이 자주 발동하는 존재임을 깨달았다. 하지만 그런 쓰라린 패배의 경험이 있었기에 그 뒤로 우리 부부는 공부에 대해서는 먼저 아이들에게 제안하지 않았다.

둘째와 막내가 사이버대학 과정을 선택한 이유도 이전에 독학사에 도전할 때 치열한 자기와의 싸움을 경험했기 때문이었다. 그러나 첫째는 그런 경험이 없었던 데다 친구들이 이미 대학 3학년생이라는 데서 오는 초조함, 1년 만에 학사 학위를 딸 수 있다는 장점 등의 이유로 독학사를 선택하겠다고 나선 것이다. 부모가 제시하는 수많은 정답보다 자신의 경험을 통해 더 배울 수 있음을 알기에 우리도 세 아이의 결정에 동의해주었고, 아이들은 무척 의욕적인 모습을 보였다.

"저는 동생들이 공부하던 책이 있으니 그걸로 공부할게요. 대신 합격하면 꼭 사이버대학의 등록금에 해당하는 금액은 저한테 주시는 거예요. 괜찮으시죠?"

첫째는 의욕이 상당한 듯했고, 둘째와 막내는 사이버대학의 학점을 신청하면서 가소롭다는 듯이 대화를 주고받았다.

"형! 재미없는 독학사 공부도 해봤던 우린데, 그래도 이건 그에 비하면 분량이 적으니까 훨씬 수월할 것 같다. 몇 학점을 신청하면 될까?"

막내의 말이 떨어지자마자 둘째도 고무된 표정으로 대답했다.

"그래, 이 정도라면 훨씬 쉽겠어. 한 18학점 정도 신청하면 될 것 같은데, 좀 무리해서 공부하고 방학 때도 3~6학점 정도 따 놓으면 3년 만에 전 과정을 마칠 수도 있지 않을까?"

옆에서 지켜보니 욕심들이 과하다 싶어 참견을 했다.

"일하면서 18학점까지 신청하는 것은 무리일 거야. 처음이니까 12학점이나 15학점 정도만 신청해보는 건 어떻겠니?"

하지만 두 녀석은 동시에 '나 의욕 충만해요!'라는 눈빛을 보내며 바로 거절 멘트를 날렸다.

"저희가 누군데 이 정도도 못할까요? 다 계산해본 바가 있으니 염려하지 마세요."

18학점이라면 하루에 3~4시간, 일주일에 적어도 20시간 이상은 공부에 매달려야 할 텐데. 그래도 스스로 선택한 것이니 일단은 또 믿고 바라볼 수밖에. 그런데 아니나 다를까, 한 달도 안 되어 두 아들의 비명소리가 들려오기 시작했다.

"일하면서 공부한다는 게 정말 장난 아닌데요? 시간 내기가 이렇게 힘들 줄이야."

"아이쿠, 들어야 할 강의가 자꾸 밀리니까 정말 스트레스 받는다. 스트레스!"

비명을 지르는 동생들보다 더 힘들어 보이는 것은 첫째였다. 딸은 독학사 공부를 시작한 지 2개월 만에 1단계 시험을 치르러 갔다. 자신이 고집을 피워 내린 결정인지라 표정관리에 신경을 쓰는 듯 보였지만, 불안해하는 기색이 역력했다.

풀이 죽어 집을 나서는 딸을 향해 '넌 어쩌자고 네 성격에도 맞지 않는 독학사를 하겠다고 한 거니? 그럴 줄 알았다, 그럴 줄 알았어!' 하고 쏟아내고 싶었지만, 그런 마음을 삭이고 격려하며 배웅했다.

"많이 부담되지? 그래도 너무 걱정 말고 도전해본다고 생각하고 편안하게 시험을 치렀으면 좋겠다. 엄마 아빠도 기도해줄게."

이제는 우리 부부도 예전처럼 무조건 잔소리부터 하고 보는 부모의 모습에서 조금은 탈피한 것 같다. 아이들과 자녀독립 프로젝트를 진행하면서 부모인 우리도 깨달은 사실이 있다. 이 세상의 어떤 아이도 자신의 인생을 일부러 망치거나, 실패로 이끌고 싶어 하지는 않는다는 것이었다. 부모가 자녀들을 야단치는 경우의 대부분은 시험 등의 결과가 좋지 않을 때이고, 그때 부모는 시험 점수가 낮은 이유를 아이가 성실하게 노력하지 않았기 때문이라고 생각한다. 우리 역시 아이였을 때는 수없이 많은 실수를 저질렀음을 떠올리지 못하고 말이다. 이런 이율배반적인 잣대를 사랑이라고 여기며 잔소리를 하지만, 그런 사랑의 대부분은 역효과만 동반할 뿐이다. 때로는 몰라서, 때로는 노력해도 안 되기 때문에 아이 본인도 좌절하고 힘들어한다는 것을 생각하면, 부모도 무조건 '불성실함'과 '노력 부족'만을 탓하며 다그칠 것이 아니라 힘이 되는 말을 해주는 것이 아이에게 훨씬 더 필요한 일임을 알 수 있다.

시험을 치르고 온 딸은 아무런 말이 없었다. "아이고, 힘들어!"를 외치며 동영상 강의를 듣는 동생들을 부러운 듯 바라볼 뿐. 우리 역시 독학사에 대해서는 더이상 언급하지 않기로 했다. 내년이 또 있고, 올해는 귀한 교훈을 얻은 것으로 충분하다는 결론을 내렸다. 스스로 결정하고 실행하는 과정에서의 실수는 자신의 강점과 약점을 정확히 인식하는 기회가 될 수 있다. 또한 이십대의 수많은 경험과 시행착오가 이후의 삶에서는 오히려 보약이 될 것이었다.

일과 학업의 병행에 힘들어하던 아들들은 사이버대학의 장점을 살려, 아이패드에 다운받은 강의를 출퇴근 시간과 자투리 시간에 듣는 등 조금씩 돌파구를 찾기 시작했다. 누가 보든 안 보든 묵묵히 자기 할 일을 하는 둘째는 집과 회사를 오가며 부지런히 공부를 해나갔다. 막내는 사이버대학에 입학하자마자 '친교차장'이라는 감투까지 쓰며, 사이버대학이지만 오프라인에서 만나는 활동에도 열심히 참석하는 등 누구보다 재미있게 대학 생활(?)을 누렸다.

"엄마, 친구들이 '우리는 입시 준비에 정신이 없는데 너는 벌써 대학생이냐'며 부럽다고 했어요."

항상 긍정의 힘과 왕성한 의욕으로 충만한 막내는 사이버대학의 록밴드까지 들어가서, 토요일이면 홍대 근처의 연습실에서 연습하곤 했다. 제사보다는 젯밥에 더 마음이 가 있는 것으로 보일 수도 있지만, 그런 취미 활동을 해야만 더 큰 에너지를 얻을 수 있는 기질의 아이이기에 적극적으로 참여하도록 했다.

그러다 세무신고 기간까지 겹치자 막내는 공부할 틈이 없다고 무척이나 힘들어했다. 옆에서 보기가 안쓰러워 "엄마가 인터넷 강의에 대신 들어가서 출석 체크라도 해줄까?"라고 말했는데, 막내는 멋지게 거절했다.

"그러면 저한테 무슨 도움이 되나요? 출석 체크보다는 제가 아는 것이 중요하죠."

대학을 진학하는 것보다 더 중요한 것이 바로 공부에 대한 마음가짐임을 아이의 말에서 다시 한번 느낄 수 있었다.

드디어 1학기 첫 시험기간이 다가왔다. 그래도 시험이라 긴장되는지 아이들은 제법 열심히 공부했다. 항상 성실하게 노력하는 둘째는 3.5학점, 놀기만 하고 공부는 안 하는 것 같았던 막내도 3.3학점을 받았다.

"아빠! 대학 공부 그거, 생각보다 별것 아니던데요. 해보니까 재미도 있어요. 그런데 다음 학기에는 아빠 말씀대로 12~15학점만 신청하려고 해요."

막내의 학점 하향조정 결정에 모두 폭소를 터뜨리는데, 둘째가 새로운 포부를 발표했다.

"18학점 듣는 동안 정말이지 너무 힘들었어요. 12~15학점으로 내리는 대신 저는 다음 학기에는 장학금에 도전해볼까 해요."

일과 학업을 함께 해나간다는 것이 분명 쉬운 일은 아니다. 아이들은 공부할 시간이 부족하다고 난리였고, 부모는 간섭하고 싶은 마음을 누르는 과정에서 상당한 인내가 필요했기 때문이다.

"전 하나도 한 게 없네요. 동생들은 학점이라도 받았는데……."

학점 타령하는 동생들을 보며 첫째가 서러운 듯 말을 잇지 못했다.

"내년에는 저도 사이버대학의 심리상담학과에 가려고 해요. 늦는 것 같아도 순서를 밟아서 하나하나 해나가는 게 제일 빠른 길이라는 걸 알았어요."

자격증을 취득하고, 직장에 들어가고, 사이버대학에서 공부하는 방법을 찾기까지 세 녀석은 '이거 장난 아닌데?' 하는 한숨을 수없이 내쉬기도 했다. 하지만 이수학점을 줄이고 장학금에 도전하겠다는 아들들과 조금 늦어져도 다시금 도전해보려는 딸아이 모두 시행착오와 고뇌의 시간들을 통해 그런 결론을 얻었다. 바로 그것이 다른 어떤 것보다 값지고 알찬 수확일 것이었다.

무엇보다 우리 부부가 섣불리 아이들의 이삭줄기를 잡아당기지 않아서 참 다행이다. 차후 세 아이가 또다른 무언가를 새롭게 시도하려 해도, 앞서가지 않고 뒤에서 믿고 바라보겠다는 마음을 다지고 또 다져야 할 것 같다. 아이들과 함께 영글어가는 벼이삭을 볼 수 있는 날을 기약해본다.

"뽈레,
뽈레!"

오지여행가인 한비야님의 이야기다. 외국인 회사에 다닐 무렵 그녀는 마음이 늘 조급했다. 대학도 남들보다 5년이나 늦게 들어갔고 직장생활도 10년쯤 늦게 시작했기 때문에 보통 사람들에 비해 여러 면에서 상당히 뒤처졌다고 생각한 것이다. 그래서 놓쳐버린 시간을 보충하려면 늘 빨리빨리 움직여야 한다고 자신을 채찍질했다.

하지만 그러한 조급증에서 벗어나게 된 계기가 있었다. 회사를 그만두고 아프리카의 킬리만자로로 향한 그녀는 여섯 명의 사람들과 함께 산 정상을 향해 출발했다. 그녀는 50대 후반의 깡마른 미국 아주머니와 함께 나란히 가게 되었는데, 아주머니가 어찌나 느릿느릿하게 걷는지 일행에서 점점 뒤처지기 시작했다. 조급해진 그녀가 아주머니를 재촉하며 말했다.

"이러다간 모두 산에서 내려올 때쯤이야 올라갈 수 있겠어요. 좀더 서둘러야겠어요."

애기를 들은 아주머니는 "뽈레, 뽈레!"라고 중얼거리며 묵묵히 앞만 처다보고 걸었다. 알고 보니 '천천히, 천천히!'라는 뜻이었다. 그제야 그녀는 이런 생각을 하게 되었단다.

'그래, 맞아! 다른 사람의 속도에 신경쓰지 말자. 중요한 건 내가 지금 목표를 가지고 가진 능력을 잘 나누어서 알맞은 속도로 가고 있느냐의 여부일 테니까.'

마음을 정한 후 그녀도 아주 천천히 걸었고, 마침내 산 정상에 오를 수 있었다. 놀라운 것은 그날 출발한 일행 중에서 정상에 오른 사람은 그녀와 "뽈레, 뽈레!"를 외치던 미국 아주머니, 단 두 명이었다는 사실이다.

이 세상, 특히 한국 사회의 흐름을 보면 "뽈레, 뽈레!"를 외치고 살기에는 상황이 녹록치 않다. 부모의 입장에서 자식에게 그렇게 말하기란 더욱 힘들다. 걱정되는 것이 많으니 참견할 일도 많아질 수밖에 없다. 부모가 잔소리하고 간섭할 때에는 분명 그렇게 해야 하는 나름의 이유가 있고, 좁은 땅에서 치열하게 경쟁해야 하는 한국의 교육 환경상, 부모가 가지치기를 해줄수록 아이의 성공이 앞당겨진다고 생각할 수도 있다.

하지만 아이들과 함께 자녀독립 프로젝트를 진행하면 할수록 정말 중요한 것은 속도가 아닌 방향이고, 제대로 된 방향을 찾으려면 부모와 아이들 모두가 남들과의 비교와 조급증에서 벗어나야 한다는 것을 절실히 깨닫는다. 물론 그렇게 되기까지는 아이보다 부모의 인내와 기다림이 절대적으로 필요하겠지만 말이다.

우리 집의 세 아이도 마찬가지다. 아이들이 밑바닥부터 일을 시작해서 점차 자신의 영역을 만들어간다는 것이 쉬운 일은 아니었다. 하지만 힘들 때마다 서로 격려할 수 있었던 것은 바로 자신만의 방향을 정했고 서로 끊임없이 의논하고 마음을 나누었기 때문이다.

특히 부모와 자녀 간의 소통은 넘어진 아이도 다시 일으킬 수 있는 원천이다. 생각해보면 이런 경험은 누구에게나 있을 것이다. 내 말을 조건 없이 들어주는 누군가에게 고민을 이야기하다보면 해결 방법이 저절로 머릿속에 떠오르는 경험 말이다. 이런 소통의 과정을 위해 부모가 노력하는 모습을 보이자 아이들은 자신의 성공은 물론 실패까지 부모와 의논하면서 인생을 개척해나가는 힘을 얻기 시작했다.

첫째가 독학사 공부를 실패하고 사이버대학에서 다시 상담심리학을 공부하겠다고 결정한 것 역시 자신의 방향을 정했기 때문이다. 동생들보다 우여곡절을 겪으며 진행하고 있는 첫째지만, 쓰러지다가도 오뚝이처럼 일어서는 이유는 단 한 가지였다.

"누가 뭐라고 해도 제 목표가 있으니 한번 해보고 싶어요."

우직한 산과 같은 둘째는 현재 병역특례업체에서 일하고 있다. 실무경력 1년이 지나면 기계설계산업기사 자격증에 도전할 수 있는 요건이 갖추어지기 때문에, 우선 그 자격증을 취득하는 것을 다음 목표로 정했다. 그것에 성공하면 다시 1년의 실무경력을 더 쌓은 후 기계설계기사 자격증 시험에 응시할 수 있고, 통과 뒤에 4년의 경력을 쌓으면 기술사 자격증 시험에 도전할 수 있단다. 앞으로 7~8년 동안은 이런 계획으로 해나갈 예정이지만, 진행해 나가는 과정에서 좌절을 겪기도 할 것이다. 둘째의 최종 목표는 훗날 아프리카나 중미에서 기술학교를 운영하여 해당 지역에 도움을 주는 것이다. 한편 둘째는 언어가 학문의 기초라 생각하여 중국언어문화학과에서 공부를 시작했는데, 상당한 흥미를 느끼며 열심히 하고 있다. 언젠가 만나뵈었던 둘째 회사의 팀장님도 격려의 말씀을 해주셨다.

산을 오르는 일도, 삶을 살아가는 일도 숨을 고르며 걸어야만 하는 일입니다. 천천히, 천천히 가야 무사히 도착할 수 있는 거죠. 혹 우리 아이들이 넘어지더라도 다시 일어나 걸어갈 수 있게 "천천히, 천천히!"를 외쳐주었으면 합니다.

"지금은 은택 군이 제작소에서 일하지만 누구보다 성실하다는 것을 인정받고 있습니다. 중국어도 열심히 공부하면 저희 회사가 중국에 진출할 때 중요한 역할을 맡길 수 있을 것 같습니다."

지금은 가장 기초적인 일을 하고 있지만, 이미 자신의 방향을 어느 정도 정했으니 앞으로 꾸준히 걸어나가다보면 가능성의 문 또한 넓어짐을 경험하게 될 것이다.

세무회계사무소에서 일하는 막내는 자신의 거래처 사장님 한 분이 '사업수완이 있어 보인다'며 기회가 되면 자신의 사업을 도와달라고 하셨고, 이미 면담도 마쳤단다.

"제가 세금 관련 일을 먼저 해보고 있는 것이 참 다행이에요. 앞으로 사업을 해도 이 부분을 알고 있는 것과 모르는 것은 천지 차이라는 생각이 자주 들더라고요."

앞으로 사업을 하려면 자금을 모아야 한다는 이유로 일하기 시작했던 막내지만, 관련 분야에서의 실질적인 경험을 통해 지금은 더욱 큰 미래를 꿈꾸게 되었다. 조금은 힘든 지금의 일도 장기적인 안목에서 바라보고 그 필요성을 깨달음은 물론 자부심까지 갖게 되니 더욱 감사한 일이다.

어느 날, 여행중에 미국에서 만나뵈었던 김 목사님으로부터 한 통의 메

일이 왔다.

"한국에서 옥 선생님 내외분이 하시는 새로운 사역을 위해 항상 기도하고 있습니다. 저희도 이곳 미국에서 한국의 청소년들 소식을 접하면 마음이 많이 아팠습니다. 무엇보다 아이들이 너무 공부로만 내몰리는 것 같습니다. 내년 여름 방학 때는 선생님들께서 상담하시는 아이들 중 필요로 하는 아이들이 있다면 저희 집에 2~3주 정도 보내셔도 됩니다. 저희도 고국의 아이들을 키우는 데 조금이나마 도움이 되고 싶습니다."

메일을 읽어 내려가는데 고국의 고통을 내 아픔처럼 여기시는 그분의 마음이 전해지며 감사함과 함께 눈물이 핑 돌았다. 목사님은 메일의 마지막에 다음과 같은 문장을 써주셨다.

"한 아이를 키우려면 온 마을이 필요하다고 합니다."

우리 가족도 예전에 고민이 깊었던 만큼, 지금 이 땅의 부모와 아이들이 겪는 아픔을 느낄 수 있다. 하지만 자녀독립 프로젝트와 상담을 통해, 아이들이 자신이 발 딛고 서 있는 그곳을 세상의 중심으로 삼아 일어설 수 있도록 부모가 지원하는 게 중요하다는 것을 느꼈다. 다소 시행착오를 겪더라도 자신만의 길을 차근차근히 만들어 갈 수 있으리라.

'빨리 빨리!'에 몰려 헉헉대지 않고, 천천히 한걸음씩 떼어가며 행복하게 정상에 오르는 기쁨을 이 땅의 아이들이 누렸으면 좋겠다. 이 땅의 부모들이 "뽈레, 뽈레!"를 외치고, 격려하며 아이들을 바라봐야 할 이유도 바로 그것이다. 인내하기 힘들 때면 함께 외쳐보자.

"뽈레, 뽈레!"

7장

남은 두 개의 길과
그 이후

적금통장
좀
보여주세요

입사한 지 넉 달 정도밖에 되지 않았던 무렵의 어느 날, 일을 마치고 돌아온 막내가 내내 시무룩한 표정으로 밥을 먹더니 말했다.

"엄마, 제 적금통장 좀 보여주세요."

엄마가 건네준 자신의 적금통장을 받더니 막내는 말없이 방으로 들어가버렸다. 무슨 일이 있어 보였지만 그냥 쉬고 싶다고만 할 뿐이어서 더는 묻지 않았다.

다음날 아침, 아들은 통장을 다시 내밀고 스스로에게 다짐하듯 말하며 출근길에 나섰다.

"일해서 돈을 번다는 건 정말 쉬운 일이 아니네요."

아들이 건넨 통장을 내려다보고 있자니, 출근하며 녀석이 남긴 말과 함께 많이 힘들어 보였던 엊저녁의 표정이 떠오르며 마음에 걸렸다. 아직은 일이 서투를 시기인 데다 직장 동료들도 모두 자신보다 연배가 높으니 대하기도 쉽지 않아 여러모로 힘들 것이라는 생각이 들었다. 그날 저녁, 퇴근해서 돌아온 아들에게 제안을 했다.

"은찬아, 1월이 부가가치세 신고기간이라 버거웠는데, 5월은 종합소득세 신고기간이라 또 힘들지? 정 힘들면 그만둬도 돼. 아직 너는 고등학교 2학년 나이잖니."

우리 딴에는 위로를 한다고 말했건만, 아들은 다른 반응을 보였다.

"괜찮아요. 이 정도는 견뎌내야죠. 그래도 제 통장을 보니 위로가 됐어요. 제 일이니 제가 책임질 거예요."

자격증 취득, 기술 익히기, 취업하기, 공부하기 등 자녀독립 프로젝트 과정을 진행하며 아이들은 본격적인 사회인이 되어갔다. 학생으로서 공부할 때와는 달리 아무도 자신의 일을 대신해줄 수 없는 환경에서 시행착오와 실수를 거듭하며 책임감을 배울 수 있는 좋은 계기였지만, 결코 쉬운 일은 아니었을 것이다.

병역특례업체에 취직한 둘째가 일을 시작한 지 3개월 정도 지났을 때의 일이다. 딸이 우리를 안심시키려는 듯, 가벼운 어투로 동생의 사고 소식을 전해왔다.

"엄마, 아빠. 놀라지 마세요. 은택이가 조금 다쳤나봐요."

놀라는 우리에게 첫째는 별일 아니라는 듯 일부러 웃으며 차분히 설명해주었다.

"회사에서 일하다가 칼에 손목을 좀 베었나봐요. 다행히 신경은 건드리지 않았고, 수술도 이미 잘 끝났대요. 동생이 부모님 걱정하실까봐 일부러 저한테 먼저 연락했더라고요."

수술까지 했다면 그냥 조금 칼에 베인 정도가 아닐 텐데……. 걱정스러

운 마음으로 회사 근처의 병원으로 달려가니 아들은 환한 미소로 우리를
맞이했다. 다친 아이의 표정이라기에는 너무도 태연했다.

　"에이, 제가 이럴 줄 알고 내일쯤 전화 드리려고 했는데. 큰 사고 아니니
걱정 안 하셔도 돼요."

　붕대로 감긴 아이의 왼쪽 손목을 보니 눈물이 핑 돌았다.

　"제가 안전수칙을 지키지 않았어요. 칼을 사용하면 안 된다는 규정이
있는데 조금 더 정밀하게 해보려다가 그만……."

　사나흘 후에 퇴원하면 된다고 하니 그렇게 심한 상처는 아닌 듯했지만,
간호하는 내내 마음이 아려왔다. 이런 마음을 눈치 챘는지 아들이 씨익
눈웃음을 지으며 오히려 우리를 위로했다.

　"생각해보니 이번 사고가 제겐 오히려 도움이 될 것 같아요. 기계제작과
관련된 일에서는 중요한 것이 안전수칙인데, 3개월쯤 지나니까 마음이 해
이해져서 잘하려는 마음이 앞서버렸어요. 앞으로는 안전수칙을 목숨처럼
여겨야겠어요."

딸 역시 일을 하면서 사회생활이 겨울 칼바람보다 더 매섭다는 것을 느끼는 것 같았다. 가장 어린 직원이다보니 피트니스센터에서도 손님이 많은 시간을 담당하거나 허드렛일을 해야 하는 경우가 많았던 것 같다. 하루는 기침을 콜록콜록하며 피곤에 찌든 얼굴로 들어오더니 눈물을 펑펑 쏟았다.

"내일 하루는 아무것도 안 하고 그냥 푹 잠만 잤으면 좋겠어요."

힘없이 누운 딸의 팔다리를 주물러주니, 노인네처럼 "아야! 아야야!" 하며 소리를 질렀다. 그런데 다음날 아침 일어나보니 딸은 일어나서 출근을 준비하고 있었다. 너무 몸이 안 좋으면 하루 쉬라고 했지만, 딸은 거뜬하다는 듯이 웃으며 말했다.

"이 정도로 결근하면 어떻게 사회생활을 하겠어요? 제게 맡겨진 일이니 최선을 다해야죠."

힘든 모습으로 무거운 몸을 끌고 일하러 나가는 자식을 보며 마음 편할 부모가 어디 있을까? 내 자식만은 덜 고생하고 조금이라도 더 편안하고 행복하게 살았으면 좋겠다는 것이 모든 부모의 당연한 바람이기에 우리가 "공부해라, 공부해라!"라고 아이들에게 수없이 말하는 것일지도 모른다. 그럼에도 우리 부부는 부모로서의 이런 마음을 '지금의 강한 훈련이 나중의 실전에서 훌륭한 재산이 되리라'는 믿음으로 바꾸기로 했다. 그래서 가능한 한 아이들에게 이런 안타까운 마음은 되도록 내비치지 않으려 노력한다.

'일해서 돈을 번다'는 것이 얼마나 힘든 일인지를 뼈저리게 느껴서일까? 막내는 조금이라도 월급이 오르거나 돈이 생기면 세 개의 적금통장에 저축부터 하고본다. 몇 년 뒤 자신의 계획을 위해 필요한 5천만 원을 만들고 싶단다. 둘째와 첫째 역시 알뜰하게 자신의 미래를 대비해 저축하고 있는 중이다. 작은 시작이지만 자신의 힘으로 만들어가는 것이기에 그 가치는 단순한 액수 이상으로 의미가 깊을 것이다.

요즘 상담하면서 더욱 절실히 느끼는 것이 있는데, 지혜로운 부모는 아이에게 무조건적인 사랑보다는 어느 정도 절제된 사랑을 준다는 것이다. 폭력, 흡연, 음주 등 거의 모든 문제와 연관되어 '이제는 더이상 어찌해볼 방법이 없다'며 중학교 3학년 아이를 데리고 오신 한 엄마는 이렇게 하소연하셨다.

"제가 이 아이를 위해 안 한 것이 없답니다. 그런데 이렇게 문제를 일으키는 아이가 되어버렸으니, 저는 인생을 정말 잘못 살았구나 싶어요. 초등학생 때는 누구보다 공부를 잘했어요. 다른 엄마들이 제게 비결이 뭐냐고 물어볼 정도였으니까요."

엄마의 말이 떨어지자마자 아들은 원망스런 눈빛으로 엄마를 노려보기 시작했다. 엄마는 상담을 하는 중에도 여러 번 "옛날에는 안 그랬는데"라며 하소연을 했고, 그럴 때마다 아이의 얼굴에는 분노가 일었다.

이런 경우, 문제의 초점은 대부분 부모의 과도한 기대와 시도에 있다. 초등학생이나 중학교 저학년인 아이가 학업에서 가능성을 보이면 부모는 기대를 갖고 아이를 더 잘 키우기 위해 더 많은 요구를 하게 된다. 부모의 입장에서는 당연한 사랑이지만, 아이들은 과부하에 걸려 망가진 기계처럼 삑삑 소리를 내며 힘들어하는 경우가 많다.

또한 아이가 힘들 것을 염려해 부모가 아이의 일을 지나치게 앞서서 처리해주면, 정작 아이는 자신의 책임을 회피하는 사람이 된다. 한번은 고등학교 1학년 남학생에게 학습과 진로 상담을 하면서 이런 질문을 한 적이 있었다.

"넌 '앞으로 어떤 일을 해서 먹고살아야 할까?'하는 고민을 해본 적 있니?"

아이는 '너무 이상한 질문을 한다'는 듯이 우리를 쳐다보며 퉁명스럽게 대답했다.

"왜 제가 그 고민을 해야 하나요? 우리 엄마 아빠가 있는데?"

결혼한 지 한참 만에 얻은 늦둥이 외아들이니 부모님은 자신들도 모르게 과잉보호를 하게 되었는데, 어느 날 아이를 보니 멀쩡히 본인이 할 수 있는 일도 부모가 있으면 그냥 미루고 하지 않더란다. 모든 것이 자기중심으로 돌아가고 필요한 것은 부모가 알아서 챙겨주다보니, 미래에 대한 고민은 물론 책임감까지도 키울 필요가 없었던 것이다. 아이가 나쁜 성격의 아이라 그렇게 된 것일까? 아니다. 이유는 바로 부모가 마땅히 가르쳐야 할 부분을 가르치지 못했기 때문이다.

"공부보다 더 중요한 것이 바로 자신의 힘으로 일어서는 힘입니다. 아이를 깨워주고 학교에 태워다주고, 아이가 사달라는 것은 무조건 사주는 부모님의 행동부터 고쳐나가시는 것이 더 중요합니다."

처음 부모님이 상담하러 오셨던 이유는 아이의 학습의욕 부진이었지만, 다행히 충분히 상황을 이해하신 뒤로는 하나하나 실행에 옮기고 계신다.

"무조건 잘해주는 게 사랑이라고 생각했는데, 그게 아니라는 걸 알게 됐습니다."

자식을 위해 주고 싶은 사랑도 참아야 함을 인식하고 노력하시는 모습에서 또 한 번 부모의 사랑이 왜 위대한지를 생각하게 되었다. 늦게 낳은 외동아들에게 주고 싶은 사랑을 참는 것이 어디 쉽겠는가? 어쩌면 푹푹 퍼줄 때와는 비교도 되지 않을 정도로 더 많이, 더 깊이 인내하는 사랑이 필요한 일일 것이다.

이런 의미에서 미래경영학자인 고(故) 피터 드러커의 다음과 같은 말은 깊이 새겨볼 필요가 있다.

"성공의 열쇠는 책임이다. 모든 것은 스스로 책임을 갖는 데서 시작된다. 책임 있는 존재가 된다는 것은 진지하게 일에 몰두하고 자신이 성장해야 할 필요성을 인식한다는 것이다."

아이의 성장을 책임지는 사람은 아이 자신이지 부모가 아니라는 뜻일 것이다. 그래서 '귀한 자식일수록 회초리를 들라'라는 옛말이 오늘날의 부모들에게 훨씬 더 필요한 말로 다가오는 것인지도 모르겠다.

그럼,
떠나 살아라

너의 웃는 얼굴이 좋단다.

풀죽어 있을 때도 힘이 되어주니까

루루루 루루루 어서 오렴, 노래 부르자.

위어어 위어어 어서 오렴, 소리 내보자.

반짝 반짝 쑥쑥 자라줬으면 한단다.

두 갈래 길 한쪽을 선택하며, 저 멀리 바라보는 눈길.

네게 더 해줄 수 있는 것은 아무것도 없는 걸까?

언젠가 네가 떠나게 될 그때는 반드시 웃으며 보내줄게.

우우우 우우우 조금은 쓸쓸할지 모르겠구나.

위어어 위어어 부탁할게. (부디) 건강하게 지내렴. (우리 아기)

⟨늑대아이⟩라는 일본 애니메이션에 나오는 ⟨엄마의 노래⟩ 가사 중 일부

다. 아이를 기르는 엄마의 마음이 표현된 이 노래는 큰 감동으로 다가왔다. 커갈수록 늑대의 양상을 나타내는 아이들을 힘들게 키우면서도 엄마는 아이들이 '반짝반짝 쑥쑥 자라기'를 바라고, 아이들을 위해서는 어쩔 수 없이 산속으로 보내야 함을 알기에 '언젠가 네가 떠나게 될 그때는 반드시 웃으며 보내줄게'라며 노래한다. 잘 자라게 하고 언젠가는 떠나보내야 하는 것이 부모의 마음임을 알기에, 가사를 떠올리는 것만으로도 눈물이 핑 돈다.

우리 역시 세 아이를 보며 '언제 저 녀석들을 다 키우나?'라는 마음이 든 적도 많았다. 영원히 우리 곁을 떠나지 않을 것처럼 여겨져 부담스러울 때도 있었는데, 예상치 않게 아이들은 부모 곁을 빨리 떠날 수 있고, 이런 '떠나는 문제'에 대해서는 아이들이 부모보다 훨씬 가볍게 생각한다는 것을 여행중에 깨달았다.

성장한 자식이 부모의 품을 떠나 자신의 둥지를 만들고 싶어 하는 것은 어쩌면 지극히 건강하게 자랐다는 증거이고, 또 당연히 그렇게 해야 하는 일일 것이다. 그럼에도 오늘날의 삼사십대를 일컬어 캥거루족, 연어족이라고 하는 이유는 무엇일까? 엄마의 배 앞쪽에 붙어 있는 아기집에 있다가 놀고 싶으면 나가고, 배고프고 힘들면 다시 들어오는 아기 캥거루족. 분명 독립해서 자신을 책임져야 할 나이인데 "나가보니 부모 품이 더 좋아요"라며, 연어가 태어난 곳을 찾아 회귀하듯 돌아오는 연어족. 이제는 낯설지 않은 우리 주변의 모습이다.

이런 상황들을 주위에서 흔히 접할 수 있었기에, 우리 가족은 아이들과 자녀독립 프로젝트를 의논하면서 '자신의 수입이 생기면 6개월이나 1년 정도는 독립해서 살아보는 기간을 갖는 것'을 두고 회의를 했던 적이 있다.

하지만 당장 엄마부터 동의하지 않았다.

"아니, 아이들을 무조건 내보내는 것만이 해결책은 아니잖아요."

이런 엄마의 반박을 기다렸다는 듯이 첫째 역시 반대의사를 나타냈다.

"전 그냥 집에 있고 싶어요."

첫째의 말이 떨어지자마자 모두 푸하하 웃을 수밖에 없었다. 예전 중학교 시절에 한 번 가출했다가 '집 나가면 나만 고생'이라는 진리를 누구보다 제대로 터득한 첫째였기 때문이었다. 그에 반해 둘째는 '일단 해보겠다'며 수긍을 했다.

"아빠가 너희들에게 나가서 살아보라고 하는 것에는 이유가 있단다. 엄마는 많이 반대하지만 아빠 생각은 달라. 언젠가 때가 되면 너희는 모두 독립하게 되겠지. 그런데 그때 너희에게 가장 필요한 건 뭘까?"

질문에 답을 하지 못하고 아이들이 멀뚱멀뚱 눈동자만 굴리고 있자, 아빠가 보충설명을 했다.

"바로 시간, 돈 등 모든 면에서 스스로 자신을 관리하는 힘이란다. 그런 부분이 말로만 키워질 수 있다면 얼마나 좋겠니? 사실 이번 기회는 너희가 한편으로는 부모의 보호를 받으면서 그런 부분을 훈련하는 기회가 될 수 있기 때문에 나가서 살아보라고 하는 거란다."

듣고 있던 막내가 사태의 심각성을 눈치챈 듯 강하게 반박했다.

"전 아직 미성년자잖아요. 그리고 그렇게 힘들게 일해서 버는 돈인데 방세랑 생활비로 나가면 남는 게 뭐가 있다고 그러세요? 전 일단 제외시켜주세요."

계산이 빨라서 자신이 손해볼 짓은 결코 안 하는 녀석이라 어지간해서는 나가지 않을 듯 보였다. 막내의 말에 대해 아빠의 설명이 이어졌다.

"지금은 그렇게 보여도 힘들어지면 언제든 엄마 아빠가 도와줄 수 있어. 하지만 나중에 너희가 가정을 꾸리게 되면 그때는 훈련이 아니라 실전이기 때문에 훨씬 고통이 클 수밖에 없단다."

몇 시간에 걸쳐 토론이 이어졌지만 아빠와 둘째만 수긍할 뿐 나머지는 모두 반대였다. 결국 그날은 합의점을 찾지 못한 채 조만간 다시 회의를 열기로 했다. 그러나 웬걸? 아이들이 집을 떠나는 상황은 예상보다 빨리 다가왔다.

딸이 강남의 피트니스센터에 취직했을 때 우리 집은 서울의 북쪽인 도봉산 바로 밑에 있었다. 그러다보니 퇴근이 늦은 첫째는 자정을 넘겨 집에 도착하는 날이 많았다. 마중 나가는 것이야 부모로서 당연히 할 수 있는 일이었지만, 아이가 무척 힘들어한다는 사실이 마음에 걸렸다.

"비만관리 공부할 때 만났던 친구가 제가 근무하는 피트니스센터 근처에서 혼자 자취를 하고 있어요. 일단 출퇴근이 너무 힘들기도 하고, 친구가 월세 절반을 부담한다면 같이 지내도 된다고 하니 그렇게 해보고 싶어요."

첫째와 함께 가서 살펴보니 안전한 구조로 잘 지어진 원룸이었다. 첫째가 근무하는 피트니스센터와도 걸어서 5분 거리로 가깝고, 친구도 열심히 생활하는 아이라서 허락해주었다. 결국 예전의 가출 사건으로 부모로부터의 독립을 꺼리던 딸이 제일 먼저 집을 나가게 되었다.

그 후 몇 달 뒤 우리도 상담실을 성남으로 옮기면서 아예 상담실 근처로 이사를 하게 되었다. 그러자 이번에는 막내 직장과의 거리가 지하철로 2시간이 걸리는 상황이 되어버렸다. 막내는 도저히 자신이 없는지 본인이 자취를 하겠다고 했다.

"회사 근처에 고시촌이 있는데 가격이 무척 저렴하니 그곳에서 지내볼게요."

항상 돈을 중요하게 여기는 아이임은 알고 있었지만, 너무 저렴한 고시촌은 여러모로 문제가 될 수도 있어 처음에는 아이를 말렸다. 그래도 막내는 '어차피 잠만 잘 곳이니 상관없다'며 우선은 한 달만이라도 그곳에서 생활하겠다고 이야기했고, 끝까지 만류하고 싶은 마음을 억지로 참았다. 정말로 위험한 것이 아니라면 본인이 직접 겪어보고 정하는 것이 부모의 백 마디 충고나 잔소리보다 더 효과적이니 말이다.

막내가 고시촌에 들어가기로 한 날, 이불 등 몇 가지 필요한 물건을 가지고 동행했다. 그곳에 들어서자마자 들었던 첫 느낌은 '정말 이건 아니다'였다. 사람이 들어가 겨우 누울 수 있는 간이침대 하나만 있을 뿐, 방은 아이가 제대로 몸을 움직일 수도 없을 정도로 비좁았다. 이미 지불한 비용은 무시하고 아이 손을 끌어당겨 나오고 싶은 마음이 굴뚝같았지만, 한 달간의 약속 기간이 있었기에 일부러 무심한 척 돌아섰다. 한 달 내내 아린 마음을 달래며 지낸 후 아들에게 메일을 보냈다.

"이 세상에는 때로는 돈보다 더 중요한 것도 있단다. 건강도 그중 한 가지인데, 건강에는 환경적인 면도 큰 영향을 미치거든. 그런데 지금의 고시원은 가격이 저렴해도 장기적으로 네게 좋은 영향을 줄 수 있는 곳은 아닌 것 같아서 조금 더 쾌적한 곳으로 옮겼으면 해."

메일을 받은 아들에게서 바로 답이 왔다.

"안 그래도 저도 옮기려고 했어요. 방음도 전혀 안 되어서 저녁 내내 옆방에서 TV 소리가 들리고, 장기 투숙자가 많은데 분위기가 별로 좋지 않네요."

막내는 회사 근처에서 적당한 원룸을 찾아보기로 했다. 다행히 신축한

원룸이 있어서 보증금은 우리가 내주고 매달 월세는 본인이 부담하기로
했다.

"다행히 회사에서 월세 절반은 지원해준다고 하서서 생각보다는 부담
이 줄었어요. 걱정 안 하셔도 돼요."

그렇게 막내는 자취 생활을 시작하며 어느새 자신이 살 길을 또하나 만
들어 놓고 있었다.

이어 둘째까지 평택에 있는 회사 사택에 들어가게 되었고, 그렇게 세 아
이가 하나씩 하나씩 썰물처럼 떠나간 집에 있자니 부모인 우리 마음에 당
황스러움이 밀려들었다.

독립한 뒤로부터 몇 개월이 지난 어느 주말, 집에 들른 첫째가 고민이
있다고 했다. 함께 자취하던 친구가 직장을 따라 멀리 이사를 가게 되어
혼자 살 곳을 구해야 하는데, 금전 및 안전성 등을 고려해보니 자취는 무
리라는 결론이 내려졌단다. 논의 끝에 첫째는 짐을 싸들고 다시 집에 들어
오기로 했다.

"역시 집이 좋아요. 엄마 음식이 최고예요."

그렇게 다시 딸과 지내게 되니 좋긴 했지만, 직장생활을 하니 서로 얼굴
을 마주할 시간은 전에 비해 훨씬 줄어들었다. 예전에는 조용한 집을 원했
는데, 정작 집이 조용해지자 외로움이라는 예상치 못한 변수가 찾아왔다.
그래서인지 아이들이 모두 모이는 주말이 되면 사람 사는 집 같다는 생각이
들면서, 세 아이를 도로 주머니 속에 넣고 싶다는 마음도 불쑥불쑥 든다.

'독립불능 세대! 서울의 경우 35~49세 사이의 자녀 48만 명이 부모 밑
에서 생활'이라는 헤드라인의 기사를 신문에서 읽었다. 그러고 보면 아이

들을 적기에 떠나보낼 수 있는 것도 복이 아닌가 싶다.

모든 일이 그렇듯, 자녀를 건강하게 떠나보내는 데도 필요한 단계가 있을 것이다. 어릴 때는 아이들이 쑥쑥 잘 자라게 하고, 어느 정도 성장하면 부모 품에 품고 있더라도 자신을 관리하는 능력을 키우면서 세상을 배우고 책임감을 익히는 시간을 주며, 몸과 마음이 건강한 짝을 찾으면 행복하게 떠나 새로운 둥지를 틀게 돕는 것. 그것이 부모가 아이에게 해줄 수 있는 지혜로운 사랑의 단계들이 아닐까?

부모에게도 건강하게 아이들을 떠나보내는 연습이 필요하다는 것을 새삼 느끼는 요즘이다. 떠남은 이별이 아닌, 더 크고 소중한 행복을 위한 새로운 시작임을 알기에 슬픔보다는 축복이 필요할 것이다.

이제는
꼭 필요한
직원입니다

그의 발에 페인트를 묻혔다면 그라운드 모든 곳에 그의 발자국이 남았을 것이다.

초등학교 시절 왜소한 체격 때문에 싫은 소리를 많이 들었다. 하지만 그는 생각했다. '축구는 체격으로 하는 것이 아니다'라고. 대학팀도 사정이 다르지 않아 그는 모든 팀에서 퇴짜를 맞았고, 우여곡절 끝에 명지대에 어렵사리 진학할 수 있었다. 그때까지 그의 인생은 늘 그랬다. 남들 눈에 띄지 않으니 '깡다구' 하나로 버텼고, 남이 보든 보지 않든 열심히 하는 것이 미덕이라 여기고 살았다. 그렇게 그는 자신의 보잘것없는 조건을 정신력 하나로 만회하려 했다. 그러나 어느 누구도 눈에 띄지 않는 정신력 따위는 높게 평가하지 않았다.

그러던 어느 날, 부상으로 탈의실에 앉아 있던 그에게 히딩크 감독이 통역관을 데리고 다가왔다.

"당신의 정신력이 매우 훌륭하답니다. 그런 정신력이면 반드시 훌륭한 선수가 될 수 있다고 하시네요."

2005년 7월, 박지성 선수는 한국인 최초로 영국 프리미어리그 맨체스터 유나이티드 FC에 입단했다. 그러나 '아시아에서 온 티셔츠 판매원' '벤치나 계속 지키고 있을 것' '유망하지만 돋보이지는 않는 선수' 등 그에 대한 언론과 축구팬들의 반응은 혹평 일색이었다. 그럼에도 당시 그가 아버지에게 했던 말은 지금도 가슴을 뛰게 한다.

"아버지! 전 맨체스터 유나이티드에서 유명한 스타가 되는 걸 원하지 않아요. 10분 뛰는 것에도 만족할 것이고, 그다음엔 20분, 그다음엔 전반전만 뛰는 선수라도 만족할 겁니다. 이런 상황이 계속되다보면 저도 언젠가는 뤼트 판 니스텔로이, 웨인 루니와 어깨를 나란히 하고 뛸 날이 오지 않겠어요?"

지금은 퀸스 파크 레인저스 FC에서 활약중인 박지성! 팀 성적이 좋지 않지만 실망하지 않는 이유는 바로 그의 정신력을 믿기 때문이다.

EBS '지식채널 e'에서 박지성의 활약상을 나타낸 사진과 함께 위의 내용으로 꾸며진 영상을 보았다. 무엇보다 "10분 뛰는 것에도 만족할 것이고, 그다음엔 20분, 그다음엔 전반전만 뛰는 선수라도 만족할 겁니다"라는 멘트는 가슴을 뭉클하게 했다. 누구보다 우직하고 성실한 그를 대변하는 말이자, 지금의 박지성이 나이에 비해 많은 일을 이룰 수 있었던 원동력이라는 생각이 들었기 때문이다.

부모라면 누구나 자녀들이 이렇게 성장하기를 바란다. 누가 보든 보지 않든 열심히 노력하고 어디를 가든지 필요한 사람이 된다면 그보다 큰 보람은 없기 때문이다. 우리 역시 자녀독립 프로젝트를 통해 아이들에게 이런 부분이 훈련되기를 소망했다.

어느 날, 둘째가 놀란 얼굴로 우편물 한 통을 갖고 들어왔다.

"이것 좀 보세요. 은찬이 이름 밑에 우리 가족 이름이 모두 쓰여 있어요."

뭔가 싶어 자세히 보니 만 나이로 17세가 된 막내의 의료보험증이었다. 우리 부부가 명예퇴직한 뒤부터 지역의료보험에 가입되어 있었는데, 막내가 직장보험 가입자가 되면서 우리 가족 전원이 그 밑에 올라가게 된 것이었다.

"와, 뚜렷한 직장이 있다는 게 이렇게 중요한 거구나!"

당시 작은 피부미용관리실에서 일했기 때문에 의료보험을 적용받지 못했던 첫째는 자신도 모르게 동생과 비교되는 듯 말했다. 둘째는 폴리텍대학을 다니던 중이었으니 더더욱 생각도 하지 않았는데, 우리 집 막내가 의료보험의 주가입자가 된 것이다. 만 17세에 자신의 이름으로 발급된 의료보험증! 한참동안 의료보험증을 들여다보며 모두 신기해하는데, 막내가 슬며시 약을 올렸다.

"이제 우리 가족의 건강은 저한테 달려 있다는 것을 아시겠지요? 저한테 잘하세요."

농담 반 진담 반으로 말했지만, 막내나 우리 모두에게 그 의료보험증은 각별한 의미로 다가왔다. 자신의 위치가 조금은 남다르게 여겨지며 책임감도 커졌는지, 막내는 이전보다 더욱 열심히 직장생활을 했다. 우리 부부는 강의 중에 가끔 만 17세 아들 밑에 온 가족이 모두 올라가 있는 의료보험증을 스크린에 띄우곤 하는데, 강연에 참석하신 분들은 그것을 보고 폭소를 터뜨리신다. 아마도 전혀 예상하지 못했던 상황이라 더 그러신 것 같다.

하루는 일을 마치고 돌아온 막내가 신이 나서 말했다.

"이제는 제가 55곳의 사업소를 관리하게 됐어요. 처음에는 15곳을 담당하면서도 힘이 들었는데 이제 55곳쯤은 별 문제도 되지 않아요."

많이 맡는다는 것은 그만큼 힘이 든다는 의미일 텐데, 아이는 거뜬히 할 수 있다는 자신감을 보였다. 그로부터 얼마 지나지 않아 막내 회사의 팀장님께서 전화를 하셨다.

"은찬 군 부모님과 식사를 한번 하고 싶은데, 시간 좀 내주실 수 있으신지요?"

자식을 맡겨 놓은 부모의 마음이란 이런 걸까? 아이가 혹여 무슨 잘못이라도 저지른 것인지, 아니면 다른 심각한 상황이 발생한 것인지 걱정부터 들었다. 그로부터 며칠이 지나 항상 막내를 친동생처럼 챙겨주시는 회사의 과장님 그리고 함께 나오신 팀장님과 점심식사를 하던 중, 팀장님께서 뜻밖의 말씀하셨다.

"이제 은찬 군은 저희 회사에서 없어서는 안 될 존재가 되었습니다. 처음에는 잘할 수 있을까 싶었는데, 이제는 은찬 군이 회사를 나갈까봐 걱정할 정도니까요. 그래서 감사하다는 말씀을 드리고 싶어 이렇게 뵙자고 했습니다."

이보다 귀한 선물이 어디 있겠는가? 그날 우리 부부는 세상에서 가장 맛나고 행복한 점심식사를 했다. 하늘만큼 땅만큼 기분이 좋다는 것은 바로 이런 상황을 일컫는 표현일 것이다. 두고두고 생각해도 행복한 미소가 떠오르는 선물을 받은 기분이었는데, 과장님께서 한 말씀 더 거드셨다.

"힘들다며 몇 개월 못 버티고 나가는 직원들도 많은데, 은찬 군은 나이가 어려도 누구보다 인내심이 많습니다. 게다가 회사의 분위기 메이커이기도 하고요."

무슨 의미인지를 몰라 어리둥절해하는 우리에게 과장님이 한 가지 일화를 들려주셨다.

"저는 중간관리자 입장이라 스트레스를 받는 상황이 많습니다. 그럴 때는 아무에게도 말은 못하고 혼자 속앓이를 해야 하는데, 한번은 그런 저를 보고 은찬 군이 다가오더니 시원한 물을 건네며 씨익 웃는 겁니다."

남자아이임에도 타인의 감정을 읽는 능력이 뛰어난 아이라는 것은 알고 있었지만, 직장에서 미움을 받지 않고 여러 면에서 꼭 필요한 존재로 인식되고 있다는 것이 대견스러웠다.

둘째가 손목을 다쳐 병원에 입원해 있는 동안, 아이가 다니는 회사의 부사장님과 팀장님 등을 뵐 기회가 있었다.

"대기업은 서로 입사하려는 청년들이 많은 반면 저희 같은 중소기업에서는 이직률이 너무 높습니다. 그런데 은택 군은 나이에 비해 생각이 깊어 신통하다는 생각이 들었는데, 나중에 보니 부모님께서 교육자이시라는 걸 알게 되었습니다."

나이가 들어간다는 것은 이런 상황에서 실감하게 되나보다. 예전에는 '누구누구 아들'이라고 불리던 아이들이었는데, 이제는 '누구누구 부모'라는 기준으로 평가받는 상황이 되어버렸으니 말이다. 마음이 묘하면서도 성실하게 해준 아이들이 한없이 고마웠다. 팀장님이 가시면서 아들에게 격려 한마디를 해주셨다.

"누구보다 열심히 하는 것을 알고 있으니, 나중에 군 복무를 마치면 제작소 일이 아니더라도 회사에 남아서 계속 한 식구가 되었으면 좋겠다."

불현듯 부모는 아이들을 떠나보내야 하는 때가 바로 심판대에 서게 되는 순간이 될 수도 있겠다는 생각이 들었다. 부모의 간섭이나 지시가 없는 곳에서 내 아이가 일한다는 것은 곧 한 번도 만나지 못했던 새로운 사람으로부터 평가받음을 의미하기 때문일 것이다. 자식교육이 부모에게 어떤 의미로 다가오는지를 새삼 깨닫게 되었다고나 할까.

첫째는 지구력은 부족하지만 한 가지 일을 하면 혼신의 힘을 다해 열정적으로 일하는 능력이 탁월하다. 열심히 하는 것이야 물론 좋지만, 그래도 균형을 유지했으면 하는 마음에 부모로서 자주 충고를 해주곤 한다. 첫째는 때때로 남들이 자신의 열정을 몰라준다며 섭섭해하기도 하는데, 아마도 어릴 때 많이 인정받지 못했던 것에서 생긴 성향 같다. 이런 첫째가 하루는 빙그레 웃으며 말했다.

"오늘 팀장님께서 제게 '힘들어도 묵묵히 자기 일뿐 아니라 전체를 위해 열심히 일한다'고 칭찬해주셨어요."

그 칭찬 한마디가 아이에게는 큰 힘이 되었나보다. 인정받고자 하는 욕구가 강하면 그것이 곧 성실함으로 이어지는 것이라 믿기에 딸을 안으며 격려해주었다. 이런 경험들이 쌓이고 쌓이다보면 언젠가는 자신의 영역에서 누구보다 자신 있게 해나갈 수 있을 것이다.

평발의 사나이가 가장 많이 그라운드를 누비며 혼신의 힘을 다하듯, 우리 아이들도 그런 마음을 더 많이 키울 수 있다면 좋겠다. 지금 내려지는 좋은 평가에만 연연하지 않고 자신의 진짜 기량을 발휘할 수 있도록 끝까지 성실함을 잃지 않기를 바란다. 꼭 필요한 자리에서 꼭 필요한 역할을 해내고 있는 아이들! 생각만 해도 부모로서 가슴이 벅차오르며 아이들에게 깊은 고마움을 느끼게 된다.

여자친구
데려와도
되나요?

조그만 생쥐 한 마리로 전 세계 어린이들에게 환상의 나라를 선물한 월트 디즈니! 미키 마우스, 백설공주, 인어공주, 미녀와 야수, 라푼젤 등 지금도 디즈니 사에서 만든 애니메이션의 주인공들은 오랜 세월 동안 세계인의 사랑을 받고 있다.

영화 속의 동화나라를 현실로 옮겨놓고 싶어 했던 월트 디즈니는 광활한 옥수수 밭 위에 세계인들에게 보여줄 꿈의 땅, 디즈니랜드를 세우기로 하고 공사를 시작했다. 하지만 개관 당일, 놀이 기구들 중 상당수는 완성되지 않은 상태였고, 엄청난 더위로 인해 아스팔트는 녹아버렸으며, 가스는 새어나왔고 분수는 고장으로 작동되지 않았다. 결국 월트 디즈니는 디즈니랜드의 실제적인 성공을 보지 못한 채 세상을 뜨고 말았다.

그로부터 수년이 지난 후 디즈니랜드가 엄청난 성공을 거두었을 때, 한 기자가 디즈니랜드의 책임자에게 이렇게 이야기했다.

"월트 디즈니는 이렇게 성공한 디즈니랜드를 끝내 못 봤으니 서운할 것 같네요."

그에 대한 책임자의 대답은 시사하는 바가 크다.

"아닙니다. 가장 먼저 디즈니랜드의 성공을 본 사람은 바로 이것을 구상하고 시작한 월트 디즈니 자신일 겁니다."

디즈니랜드를 구상하며 첫 삽을 떴을 때, 월트 디즈니의 마음은 아마도 "내일 지구의 종말이 온다 해도, 나는 오늘 한 그루의 사과나무를 심겠다."라고 말한 스피노자의 그것과 같았을 것이라 짐작해본다. 역사를 선한 방향으로 이끄는 원동력은 이처럼 후손을 위해 그들에게 가장 필요한 부분을 만들어주려는 마음과 시도일 것이다.

평범한 부모인 우리가 아이들을 위해 해야 하는 '사과나무 심기'는 무엇일까? 좋은 교육을 시키는 것, 건강히 자라게 하는 것, 자신이 행복한 일을 하며 살 수 있도록 돕는 것 등 자녀를 위한 부모의 역할은 종합선물세트처럼 종류가 많아 보인다.

하지만 아이들이 하나둘 부모 곁을 떠나야 하는 시점이 다가오자 다른 무엇보다 간절히 바라는 것이 생겼다. 세상을 살아나가며 힘들고 좌절과 역경을 경험해도 그것을 딛고 일어서는 사람이 되었으면 하는 것이 그것이었다. 시련이 와도 극복하고 다시 일어서는 힘을 '회복탄력성'이라고 하는데, 이런 회복탄력성을 가진다면 주체적으로 건강하게 자신의 삶을 가꾸어 나갈 수 있기 때문이다.

시련을 기회로 바꿀 수 있는 회복탄력성은 철저히 자신을 지지하고 믿으며 무조건적으로 사랑해주는 한 사람이 있을 때 가능하다. 흔히 부모와 자녀를 두고 '정신적 탯줄로 연결된 존재'라고 말하는 것도 이런 이유에서

다. 그런 의미에서 부모는 자녀의 회복탄력성의 근원이라 할 수 있다.

그렇다면 회복탄력성의 근원인 부모가 아이들에게 가르쳐야 할 가장 중요한 것은 무엇일까? 이런 고민의 일환으로 우리 가족은 '가족전통모임'을 시작해 지금까지 이어오고 있다. 한 달에 한 번씩은 의식을 진행하듯 다섯 명 전원이 모인다. 그렇다고 거창한 일을 하는 것은 아니고 간단히 식사를 하거나, 아이들이 좋아하는 연극 또는 영화를 보러 가는 것이 전부다. 이런 가족전통모임을 하는 이유는 여행 전의 마음 아픈 경험 때문이다.

아이들이 어릴 적에는 부모가 가는 곳이면 무조건 따라나섰다. 그런데 외향적인 기질이라 어디를 간다고만 하면 좋아하곤 했던 아이들이 청소년기로 접어들면서는 부모를 '가까이 하기엔 너무 먼 당신'처럼 대했다. 청소년기라 당연히 그런 증세(?)가 나타나는 것이려니 했는데, 나중에야 문제의 근원이 부모라는 것을 깨달았다. 아이들은 부모가 싫어서 멀리하려던 것이 아니라, 부모의 방법이 부담스러워 다가올 수 없었던 것이다.

여행을 떠나기 전의 어느 날, 중학생이 된 막내가 모임에 참석중이었던 우리 부부에게 전화해서는 "엄마 아빠, 몇 시쯤 집에 오세요?"라고 물었다. 녀석의 목소리는 참으로 공손하고 부드러웠다. 당시는 이미 부모를 부담스러워하기 시작한 위의 두 녀석들에게 한창 서운함을 느끼고 있었던 터라, '아, 그래도 막내 녀석은 아직도 우리를 기다리는구나!' 하는 생각에 감격스럽기까지 했다.

그러나 다정한 그 목소리에 다른 의미가 있다는 것을 깨닫는 데는 오랜 시간이 걸리지 않았다. 하루는 평소보다 일찍 귀가해서 현관문을 열고 들어가는데, 거실에서 후다닥 뭔가 급하게 정리하는 소리가 들렸다. 우리가 비번을 걸어 두었던 컴퓨터를 해킹(?)하는 데 성공한 막내가 열심히 게임에 몰두하고 있다가 인기척에 기겁을 한 것이다. 난감한 표정으로 컴퓨터 플러그를 콘센트에서 황급히 뽑으며 아이는 자신도 모르게 한마디를 내뱉었다.

"이 시간에 웬일이세요?"

막내가 우리에게 귀가 시간을 확인했던 이유는 부모인 우리가 보고 싶어서가 아니라 감시자인 부모의 레이더망을 피하기 위한, 이를테면 사전 조사인 셈이었다. 그 후에야 알았다. 아이들은 현관 밖에서 들려오는 사람들의 발자국 소리에서도 엄마 아빠의 발자국 소리를 감지해낼 수 있다는 것을. 이 얼마나 슬픈 일인가? 하루종일 흩어져 있던 가족이 모이는 시간에 모두가 행복해지기는커녕 부모는 자식이 뭘 하고 있었는지 의심하고 심문하듯 바라보고, 아이들은 그런 부모의 발자국 소리조차 부담스러워하며 점점 멀어졌으니 말이다.

하지만 여행을 하면서 부모와의 관계가 개선되자 아이들은 부모가 말하기 전에 먼저 다가와 자신의 고민을 말하는가 하면, 부모와 함께 즐거운 시간을 갖기를 원했다. 아이들의 입장에 서서 이야기에 귀를 기울여보니 아이들은 부모가 짐작했던 것보다 훨씬 고민과 생각이 많았고, 또 깊었다.

그래서 한국으로 돌아와 처음에는 일주일에 한 번씩 반드시 가족모임을 가졌고, 맛있는 음식을 함께 먹으며 이야기꽃을 피웠다. 지금은 아이들이 독립하면서 한 달에 한 번으로 횟수가 줄었지만, 예전이나 지금이나 지키고 있는 한 가지 원칙만큼은 변함없다. 바로 '절대로 아이들에게 잔소리나 훈육을 하지 않고, 행복한 추억을 만드는 것이 중요한 점임을 잊지 않는 것'이다.

한번은 다음 가족모임에 대해 의논하는데, 둘째가 다소 쑥스러운 듯 물

었다.

"엄마, 아빠. 다음 가족모임에 여자친구를 데려와도 되나요?"

그런 말을 하는 형을 바라보며, 옆에서 동생이 형을 놀리듯 실실 웃었다. 둘째는 더욱 쑥스러워하면서도 빠른 답을 바라는 눈치였다.

"사귄 지 얼마 되지도 않았다면서 무슨 여자친구를 데리고 온다고 그러니?"

엄마가 반박하자 첫째가 동생을 편들며 요즘 아이들의 사고방식에 대해 부가설명을 했다.

"엄마, 당장 결혼을 한다는 의미도 아니고, 이제 사귀는 단계이니 부담 없이 친구로 봐주시면 되죠. 결혼 상대라고 생각하면 오히려 데려오는 게 더 힘들어요."

역시 우리 때와는 생각의 차이가 크다는 마음이 들었다. 하지만 부모가 아이들을, 또 가족 모두가 서로 이해하는 법을 배우기 위해 만든 가족전통모임이었기에 아이들의 뜻을 따르기로 했다. 처음으로 둘째가 여자 친구를 데리고 온 그날은 다소 어색한 분위기도 있었지만, 쿨(cool)한 요즘 아이들은 전혀 개의치 않는 듯 즐겁고 맛나게 식사를 했다.

여행을 나가기 전, 세 아이 중 특히나 권위적인 아빠를 두려워하고 자신의 의사를 나타내는 것조차 힘들어했던 것이 둘째였다. 그런데 부담 없이 자신의 일상을 내비치는 것을 보니 이제야 진정으로 마음을 나누는 부모 자식 사이가 된 듯하여 마음이 흐뭇해졌다. 먼 훗날 백발이 된 아버지와 중년의 아들 그리고 손자가 나란히 손을 잡고 걸을 수 있는 출발점에 서게 된 기분이었다고나 할까.

바쁘고 정신없이 생활해나가면서도 한 달에 한 번 있는 가족 모임에 세 녀석 모두 빠지지 않는 이유는, 가족 모두가 모였을 때 즐겁고 행복하기 때문이다. 부모인 우리에게도 그것이 무척 큰 행복임을 알기에 우리 다섯 식구는 물론 손자들, 증손자들 그리고 그다음 세대에게도 이것이 계속 전통으로 남을 수 있기를 바라고 있다.

언젠가 들었던 우스갯소리 하나가 있다. 중학생인 여학생이 고등학생인 오빠와 집에서 마주치자 이런 인사를 건넸단다.

"오빠, 오랜만이야. 요즘 잘 지내는 거야?"

들을 때는 박장대소했지만, 의외로 이런 집이 주위에 많다. 대학생 자녀를 둔 한 아버지의 쓸쓸한 고백도 결코 남의 일만이라 치부할 수 없다.

"도대체 내 자식인데도 함께 집에 있을 땐 서로 투명인간처럼 대하고, 자기 방으로 들어가서는 여간해서 나오지도 않아요."

공부든 일이든 아무리 열심히 한다 해도, 함께 마음을 나눌 사람이 없을 때면 허무해질 수밖에 없는 것이 사람의 마음이다. 그러므로 일 때문에, 공부 때문에 가족의 관계가 서먹해져서는 안 된다. 부모인 우리 자신이 아이들로부터 이방인 취급을 받지 않기 위해서라도 이러한 가족 모임을 많은 가정에서 시작해보기를 권한다.

여행중 우리 부부는 미국 LA에서 열렸던 쉐마(The Shema, '너희는 들으라'라는 뜻의 기독교 교육 방식) 지도자 과정에 참가했는데, 그때 만났던 한 대학 부총장님의 고백이 요즘 들어 새삼스레 떠오른다.

"아이들이 결혼 후 우리 곁을 떠나고 나서야 관계와 소통의 중요성을 깨달았답니다. 그래서 이제는 무슨 일이 있어도 여름휴가 때 한 번씩은 자식들과 만나려고 노력중입니다."

머리가 허연 노신사이셨음에도 자신이 놓치고 지냈던 것이 무엇인지를 인식한 바로 그 순간부터 자녀들과의 소통과 회복을 위해 노력하시는 모습이 존경스러웠다. 부모 코칭에 대해 강연할 때마다 우리는 이런 예들을 언급하며 가족전통모임을 실천해보시라고 권하는데, 한번은 가족모임을 실천해보셨다는 한 엄마가 흥분하며 말씀하셨다.

"선생님께서 시키신 대로 했는데, 끝내는 아이들하고 싸움하는 것으로 끝나고 말았어요."

내용인즉슨 좋은 기분으로 모였지만 결국 아빠는 아이들에게 잔소리를 하게 됐고, 엄마까지 공부 얘기를 하는 순간 분위기가 싸늘해지면서 모임을 안 한 것만 못한 상태가 되어버렸다는 것이었다.

"당장 한 번의 말로 고쳐지지 않을 것은 모른 척 넘어가주시고, 아이들 눈높이에 맞춰서 가족 모두가 즐겁고 행복한 시간을 갖는 것에만 초점을 맞추시면 좋겠습니다."

열심히 노력했는데 수포로 돌아갔다며 억울한 듯 하소연하시던 그 엄마는 몇 가지 진단을 받은 뒤 부모의 잘못임을 깨닫고 다시 도전해보시기로 했다. 이어 우리는 그곳에 모이신 부모님들께 질문을 드렸다.

"배우자가 '내가 너랑 살아준다'라고 말할 때와, '나는 당신과 살고 싶어'라고 말할 때의 차이점은 뭘까요?"

갑작스런 질문에 어리둥절해하던 부모님들은 잠시 후 고개를 끄덕이셨다.

"전자는 '싫지만 할 수 없이 살아주는 것'이고, 후자는 '정말 사랑해서 같이 사는 것'이라는 느낌이 들어요."

"네, 맞습니다. 아이들도 마찬가지예요. 싫지만 자식이라서 부모님이 할 수 없이 놀아주는 것이 아니라 정말 아이들을 사랑하니까 함께 놀고, 함께 시간을 보내는 것임을 느끼게 해주는 것이 중요합니다. 연애할 때 상대방이 원하는 것이라면 무조건 맞춰주고 싶어 했던 그 마음으로 부모님께서 아이들을 대하시면 되겠지요?"

처음에는 우리도 쉽지 않았지만 이제는 가족전통모임을 통해 아이들과의 즐거운 추억이 갈수록 많아지고 있다. 자녀독립 프로젝트는 아이들 입장에서도 꽤나 어려웠을 텐데 가족 모임에서 자신들의 얘기를 주거니 받거니 하면서 스스로 정리하는 모습도 볼 수 있었다. 부모는 그저 이야기를 들어 주고 "그렇구나! 힘들었겠다!"라며 아이들 편만 열심히 들어주면 되었다. 여자친구와의 데이트 자금을 공동 통장에서 사용한다는 애기, 업무나 생활에서의 어려움, 진로에 대한 고민, 공부에 대한 부담감 등 자신의 비밀스러운 이야기를 부모와 형제들에게 자연스럽게 털어놓다보니, 부모인 우리 역시 자연스럽게 아이들과의 친밀도가 높아짐은 물론 괜한 불안감도 점차 사라졌다.

"다음에 저희가 결혼해서 아이들이 생겨도 이렇게 한 달에 한 번씩 모이는 가족 모임은 꼭 가져야 할 것 같아요."

아들의 얘기에 무엇과도 바꿀 수 없는 큰 대어를 낚은 듯 기뻤다. 이혼율과 자살률이 높은 우리나라가 되어 버린 것이 오늘 어제의 일은 아니지만, 가족 간에 서로의 속내를 부끄럽지 않게 드러내며 말할 수 있다면 이런 문제도 상당 부분 해결될 것이라 생각된다.

부모와 자녀들은 정신적 탯줄로 연결된 영원히 끊어지지 않는 관계일 수밖에 없다. 지금은 세 명의 아이들과 가족전통모임을 갖지만, 먼 훗날 우리가 이 땅에 없는 그때도 아이들은 각자의 아이들, 손자들과 '사랑하는 가족'이라는 정신적 탯줄로 함께 이어지기를 소망한다.

"All dream can come true- if we have the courage to pursue them(꿈을 믿고 나갈 용기만 우리에게 있다면, 우리의 모든 꿈은 이루어질 것이다)"라고 말했던 월트 디즈니의 마음을 조금은 알 것 같다. 디즈니랜드가 전 세계의 아이들에게 꿈과 환상을 줄 것을 믿었기에 그는 황량한 옥수수밭에 첫 삽을 떴을 것이다. 인식하는 순간이 곧 새로운 시도를 할 수 있는 기회라면, 누구든지 바로 시작해도 늦지 않을 것이다. 우리 아이들을, 또 우리 아이들의 아이들을 믿고 나갈 용기가 있다면, 우리도 진정한 꿈을 한번 꾸어보자. 지금도 전혀 늦지 않았으니 말이다.

자녀독립
프로젝트보다
더 중요한
것은?

"강의 잘 들었습니다. 그런데 부모가 자기 아이의 미래에 대한 기대치를 낮춘다는 것이 과연 그렇게 쉬울까요?"

우리의 강의를 들으신 한 아버지께서 심각한 표정으로 질문하셨다. 충분히 공감되는 질문이다. 이 세상 어느 부모가 자신의 자녀가 잘되기를 바라지 않겠는가? 특히 현재의 한국 상황을 고려하면, 당장은 아이들이 고생스러울 수밖에 없기 때문에 더 그러한 질문을 하셨을 것이다.

굴뚝 청소부의 연봉과 전문 직장인의 연봉 차이가 별로 없는 독일과 비교해서 생각해보면 사회제도적 차원에서의 임금 구조 개선이 관건일 수도 있고, 정치적인 노력과 사회적인 준비 그리고 대학 진학 중심의 인식과 교육환경에서 전반적인 변화가 있어야만 해결 가능한 문제라고 생각할 수도 있다. 그러나 여기에서는 그런 부분에 대한 논의를 일단 접어두기로 한다. 그 필요성을 몰라서도 아니요, 중요함을 인식하지 못해서는 더더욱 아니다. 다만 부모인 우리가 먼저 변하지 않으면 제아무리 훌륭한 해결 방안이 마련된다 해도 소용없음을 알기 때문이다.

우리 가족이 자녀독립 프로젝트를 진행하게 된 이유는 그 결과가 정확히 예측 가능하거나 우리의 방식이 100퍼센트 옳다는 확신이 있어서가 아니었다. 그보다는 우리 아이들을 지켜보다보니 오히려 부모인 우리가 새롭게 깨닫고 반성한 점이 많았기에, 그것들을 바탕으로 다양한 대안들을 시도해보고 싶은 소망 때문이었다. 더불어 부모와 자녀가 함께 건강한 삶을 만들어 갈 수 있는 원동력이 무엇인지를 말하고 싶었고, 아이들 각자에게 내재되어 있는 특별하고도 고유한 힘을 믿고 바라봐주는 데 도움이 될 방법들에 대해 많은 부모님들과 함께 이야기할 수 있는 계기를 마련해보고 싶기도 했다. 제도는 누가 바꿀 수 있는가? 사회의 구조는 어떻게 달라져가는가? 권력을 쥔 자에게만 이 모든 것의 해결을 맡기기에는 우리 아이들의 성장 속도가 너무나도 빠르기 때문에, 평범한 우리네의 작은 몸부림들이 곳곳에서 일어나 하나의 큰 용트림으로 연결될 수 있다면 좋겠다.

이제 겨우 하나의 산을 넘었을 뿐이지만, 우리 가족의 자녀독립 프로젝트도 그런 작은 몸부림의 시작이라 할 수 있다. 앞으로 아이들은 더 많이 공부해야 하고, 여러 번에 걸쳐 직업을 바꾸어야 하며, 배우자도 맞이하고, 사회에서 필요한 역할을 해나가야 한다. 이 모든 과정을 거치며 자신의 삶을 밑둥에서부터 튼튼히 쌓아나가려면 스스로에 대한 확신과 인내심도 많이 필요할 것이다.

물론 자녀독립 프로젝트는 아직도 진행형이다. 그러나 지금까지 그래 왔듯이 앞으로도 우리 부부의 한 가지 각오는 아이들의 든든한 지지자라는 역할에 가장 충실하겠다는 것이다. 어쩌면 아이들보다 더 많은 고민을 하겠지만 되도록 마음속으로 삭이고, 아이들이 넘어져도 툭툭 털고 일어나기를 기다리며 바라보려 한다. '명검은 오랜 단련 끝에 만들어진다'는 진리를 믿으며 말이다.

그러나 이것보다 중요한 것이 있다. 실제로 매 강연을 마무리할 때마다 우리 부부는 다음과 같은 질문을 던진다.

"자녀가 독립을 준비하는 것보다 더 중요한 것은 뭘까요?"

답을 못하고 바라만 보시는 부모님들을 향해 한 글자씩 강조하며 말씀드린다.

"바로 '부모독립 프로젝트'입니다."

부모독립 프로젝트의 의미를 이해하기 위해서는 요즘 나타나기 시작한 두 가지 사회현상을 먼저 살펴봐야 한다. 한 가지는 대졸자들의 '하향 취업 현상'이다. 대학을 졸업했지만 일자리 부족과 고용 불안정 때문에 또다시 취업 준비에 매달리는 젊은이들이 늘어나고 있음은 이미 언론에서 수차례 다뤄진 바 있다. 그런데 이런 상황이 지속되다보니 울며 겨자 먹기로 하향 취업을 하는 경우가 많아지고 있다 한다. 2013년 2월 4일자 《이코노미스트》는 그 실례들을 보여준다.

"왜 대학에 가서 돈과 시간을 낭비했을까? 운전만 할 줄 알면 되는 것을……"

부모독립 프로젝트. 부모 또한 아이들로부터 독립해야 합니다. 아이들을 다스리려는 권위를 버리고, 삶의 동반자로서 바로 서야 하죠. 아이들은 원하는 대로 이끌고 바꿔야 할 존재가 아니라 부모 삶의 새로운 도전을 함께해줄 동반자입니다.

대학을 졸업하고 전공과 관련된 직장을 찾다가 취업에 실패하고, 결국은 치킨 가게들을 돌며 폐기름을 수거하고 있는 어느 청년의 하소연이다. 2012년 한국직업능력개발원의 보고에 따르면 대졸자 1,100만 명 중 234만 명이 하향 취업자인데, 최근에는 그 비율이 더 높아져 약 70퍼센트에 이른다고 한다. 다시 말해 대졸자 열 명 중 일곱 명이 자신의 전공과 상관없이 하향 취업해서 일하고 있고, 그들의 임금도 정상 수준의 70퍼센트 정도에 그친다는 것이다. 또한 대학 졸업 후에도 직장을 구하지 못한 비경제활동인구의 수는 현재 무려 298만 명에 이르고, 증가 속도도 빨라져 최근 4년 동안에만 100만 명이 늘었다고 한다.

다른 한 가지는 '젊은 세대의 세금 부담 증가 현상'이다. 출생 인구의 감소, 급속한 고령화, 복지 정책의 실현, 평균 수명 증가 등으로 우리 자녀 세대들이 부모 세대를 부양하기 위해 부담하는 세금은 갈수록 늘어날 것이라는 것이 관련 전문가들의 공통적인 견해다. 실제로 국민연금을 둘러싼 최근의 논의가 바로 그 예에 해당된다. 즉, 지금까지의 추세에 비추어 보면 향후 국민연금에 가입하는 젊은 세대들은 이전 세대보다 불입액은 많은 반면 노후에 받을 연금액은 점점 줄어들게 된다. 이런 현상은 앞으로도 더욱 심화되어 젊은이들이 효도를 하고 싶어도 할 수 없는 상황, 일하고 싶거나 결혼하고 싶어도 그것이 불가능한 상황에 처하게 될 것이라 한다.

이런 아이들을 위해서라도 지금까지 바람직한 것이라 여겨왔던 부모의 역할에 대해 이제는 다시 생각해야 한다. 즉, '대학' 혹은 '성공'이라는 한 방향만을 향해 아이들의 등을 떠밀지 않고, 부모는 자녀의 삶을 일방적으로 책임지거나 이끄는 것이 아니라 자녀의 인생에 있어 지혜로운 조언을 주는 존재가 되어야 함을 새롭게 인식해야 할 시기인 것이다. 그럴 때에야 비로소 자녀와의 '건강한 동반자적 관계'도 가능해진다.

이를 위해 부모는 온통 아이에게만 집중했던 경향에서 벗어나 제2의 삶, 제3의 삶에 초점을 맞출 필요가 있다. 부모가 자신의 인생을 당당히 개척해나간다면, 부모와 자라는 아이들은 자연스레 일찍부터 홀로 서는 훈련을 받으며 자신의 힘으로 인생을 채워나갈 수 있다. 그리고 우리가 궁극적으로 지향하는, 부모와 자녀의 '건강한 동반자적 관계'도 이때 가능해진다. 지금부터라도 많은 부모님들이 부모독립 프로젝트를 밟아야 하는 이유가 바로 이것이다.

앞으로 더욱 구체적으로 진행해나가겠지만, 여기에서 간략히 부모독립 프로젝트에 필요한 몇 가지 사항을 언급해보기로 한다.

첫째, 자녀교육 때문에 부부 사이가 멀어지면 안 된다. 자녀들을 독립시킨 뒤부터 부부는 오랜 시간을 함께 살아가야 하므로 이것은 우선으로 염두에 두어야 한다.

둘째, 물질적·정신적으로 자녀에게 올인하지 않는다. 자식에게만은 약하고, 자식이 원하는 것이라면 뭐든 해주고 싶은 것이 부모지만, 그런 관계만이 지속된다면 결국은 서로가 부담스러운 존재로 변할 가능성이 크기 때문이다.

셋째, 자녀를 위한 교육 자체보다는 자녀들과 좋은 관계를 유지하기 위해 노력해야 한다. 최고의 교육을 받게 하기 위해 너무나 애썼음에도 결국은 자녀들이 부모를 멀리해버리는 경우를 많이 접하면서, '오로지 교육에만 초점을 맞추는 것은 자녀와의 관계를 깨뜨릴 가능성이 높으니 차라리 부족한 편이 낫지 않을까?' 하는 생각이 들었다.

넷째, 제2, 제3의 인생을 준비하고 만들어가려면 무엇보다 건강을 잘 챙겨야 한다.

우리 부부는 자녀독립 프로젝트를 시작하면서 이런 필요를 느껴 앞서 말한 근거들을 중심으로 부모독립 프로젝트 역시 조금씩 실행해나가고 있다. 지금 잘 준비하는 만큼 몸도 마음도 여유롭고 행복하게 노후를 보낼 수 있을 것이라 믿는다.

자녀독립 프로젝트에서든 부모독립 프로젝트에서든, 중요한 것은 '제대로 된 방향을 찾는 것'이다. 어느 날 아이들이 우리 부부에게 이런 고백을 해왔다.

"부모님이 새로운 길을 개척하시는 모습을 보니 저희도 게으름을 피울 수 없었어요."

칭찬은 부모가 자식에게만 하는 것이 아니라 자식도 부모에게 할 수 있는 것임을 우리 부부는 깨달았다. 아이들로부터 그렇게 가슴 벅찬 칭찬을 들으니 아이들이 인생이라는 긴 항로를 함께 만들어 갈 동반자로 새롭게 다가왔다. 부모독립 프로젝트를 자녀를 진정으로 사랑하는 부모의 지혜라고 말하고 싶은 이유도 바로 그것이다.

교사 월급 절반도
안 돼요, 하지만……

"퇴직금으로 여행을 해버리면, 마치고 와서는 뭘 해서 먹고 살 건가요?"

"교사는 세상물정도 잘 모른다고 하던데, 여간 걱정되는 게 아니네요."

우리 부부가 세계 여행을 하겠다며 학교를 퇴직했을 때 그리고 한국으로 돌아왔을 때 많이 들었던 말이다. 그런데 참 이상한 것이 있다. 현재의 소득은 부부 교사였을 때와 비교하면 20퍼센트 정도에 불과한데, 행복감은 몇 배나 더 늘어난 것 같으니 말이다. 새로운 길에서 찾게 된 값진 소득이 바로 이것이다.

"어떻게 저 사람들은 하루종일 노래를 부르며 살 수 있을까요?"

여행을 본격적으로 출발하기 전, 필리핀에서 2개월간 어학연수를 한 적이 있었다. 어학원 기숙사에는 숙소 청소 및 세탁, 식사를 준비해주는 필리핀 아떼(도우미)들이 있었는데, 그들은 항상 흥겹게 노래를 흥얼거렸다. 더운 날씨에 땀을 뻘뻘 흘리면서 온종일 일해야 하는데도 노래가 나온다는 사실을 도저히 이해할 수 없었다.

그런데 남미와 아프리카를 여행할 때도 이와 동일한 경험을 했다. 분명히 우리네 시각으로 보면 힘들고 배고픈 사람들인데 그들은 서로 돕고, 나누며, 순수하고 행복해 보이는 웃음을 잃지 않고 있었다. 초라하기 그지없는 빵 한 조각으로 해결하는 끼니임에도 서로 환한 미소를 지으며 맛있게 먹는 모습을 볼 때는 묘한 감정이 휘몰아쳤다.

남미 안티구아에서 스페인어를 배우던 시기에, 노무현 전 대통령의 서거 소식을 접했다. 그때 학원 선생님이 했던 이야기는 지금도 생생하다.

"왜 한국 사람들은 그렇게도 자살을 많이 하나요? 우리는 문제가 생겨도 어떻게든 해결된다고 믿기 때문에 자살하는 사람이 없어요. 좋을 때가 있으면 힘들 때도 있는 것 아닌가요?"

허름한 옷을 입고 길가에 앉아 끼니를 때우지만 그들에게서 평온함이 느껴지는 이유는 무엇일까? 소득의 많고 적음이 삶의 행복을 결정하는 것은 아니기 때문이리라.

본격적인 여행이 시작되고 얼마 지나지 않아 아이들의 배낭끈이 떨어진 적이 있었다. 초보 배낭여행자이다보니 이것저것 너무 많은 물품을 챙긴 것이 화근이었다. 그렇다고 계속 배낭을 안고 다닐 수도 없는 일이라, 아이들은 밤새도록 작은 바늘 하나로 두꺼운 배낭끈을 꿰맸다. 다음날 아침, 딸의 명언은 우리를 철학자로 만들었다.

"엄마, 아빠! 배낭 무게가 인생 무게 같아요."

딸의 말에 공감한 우리 모두는 누가 먼저랄 것 없이 필요한 것만 남기고 버리기 시작했다. 많이 가져가면 좋을 줄 알았는데, 많이 가질수록 그것을 유지하기 위한 고통도 클 수밖에 없음을 철저히 깨닫게 된 것이다.

여행을 해보면 우리나라만큼 먹을거리가 풍부하고 치안이 안전한 곳이 별로 없다는 것을 알게 된다. 밤이 대낮보다 더 밝게 빛나는 나라는 전 세계에 몇 되지 않는다. 그럼에도 뉴스에는 연일 사건사고가 보도된다. 이유가 무엇일까?

외국인이 한국에 와서 먼저 배우는 말 중의 하나가 '빨리 빨리'라고 한다. 이런 말을 들으면 웃지만, 누구도 이에 대해 '아니다'라고 반박하지 못한다. 모든 사람이 공감한다는 뜻일 게다.

물론 '빨리 빨리'는 한국사회 발전의 원동력이기도 하다. 할 일을 미루지 않고 책임을 다하는 성실성, 남들보다 몇 배는 더 빨리 문제를 해결하는 민첩성도 한몫했다. 자원도 적은 한국이 전 세계적으로 발전 속도를 인정받는 나라가 되었다는 것은 가히 신화에 가깝다. 이 모든 것이 '빨리 빨리' 덕분에 거둔 성과일 것이다. 그러나 그로 인해 모든 삶에까지 그대로 적용된 '성장 및 경쟁 위주의 논리'는 많은 부분에서 문제를 야기하고 있다.

복권 대신 꽃을 사세요.
사랑하는 가족을 위해
그리고 나 자신을 위해
꽃 두세 송이라도 사서
모처럼 식탁 위에 놓아보면
당첨 확률 백 퍼센트인
며칠간의 잔잔한 행복을 얻을 수 있습니다.
(중략)

몸이든 마음이든

비우면

시원하고 편안해집니다.

반대로

안에 오랫동안 간직하고 있으면

몸이든 마음이든

병이 납니다.

뭐든 비워야 좋습니다.

혜민 스님의 책 『멈추면 비로소 보이는 것들』에 나오는 이 대목은 특히
나 울림이 있다. 숨 가쁘게 달려 왔던 것을 멈추고 1년 6개월간 한국을 떠
나 있는 동안 우리 가족이 가장 먼저 배운 것 역시 '비우는 법'이었다. 비
우고 나면 작은 것에 행복해질 수 있다는 진리를, 우리는 우리나라보다
경제적으로 훨씬 힘든 나라들에서 더 많이 배웠다. 돈이나 명예보다 소중
한 무엇을 찾을 수 있다는 것이 얼마나 복된 일인지 깨달았다고나 할까.

다른 나라의 문화를 접하면서 한국을 조금은 객관적으로 바라보고, 한
국 교육에서 가장 필요한 것이 무엇인지에 대해서도 고민하게 되었다. 교
육 문제로 너무나 아파했던 우리였기에, 지금도 아파하고 있는 내 나라의
부모와 아이들의 마음을 헤아리고 도와주고 싶었다. 그래서 우리 부부는
돌아와서 미친 듯이 다시 공부하기 시작했다.

"한국의 부모가 바뀌어야 가정과 교육이 바뀔 수 있습니다."

"교육은 속도가 아닌 방향입니다. 우리에게 중요한 것, 우리에게 필요한

것은 아이들에게 방향을 찾아주는 것입니다."

한국 교육에서 필요한 것은 부모 교육 그리고 아이들의 적성을 찾고 진로의 방향을 열어주는 일이라는 것이 우리 부부가 내린 결론이었다. 학업 의욕 부진, 인터넷 중독, 무기력증, 부모와의 소통 부재 등 다양한 문제로 우리 상담센터를 찾는 많은 아이들의 공통점은 딱 하나, 바로 자신의 길을 찾지 못하고 경쟁으로만 내몰린다는 것이었다. 부모와의 의사소통에 문제가 생기자 아이들은 자신의 인생을 부정적으로 만들었고, 가정은 점점 멍들어가고 있었다. 그런 가정들의 상처를 어루만지고 다시금 회복시키고 싶은 것이 우리 부부의 소망이다.

학교에서 교사로서 학생들을 가르쳤을 때와는 다르지만, 요즘은 상담을 통해 한 가정 한 가정이 회복되는 모습을 보면서 새로운 감동을 받고 있다. 상담할 때마다 우리 가정의 아팠던 모습을 말씀드리면, 오신 분들이 위로받고 다시금 희망을 가지며 상담에 적극적으로 임해주신다. 고통으로만 여겼던 예전의 힘든 시간들이 지금은 오히려 선하게 쓰임을 받는 힘이 되고 있다는 것에 그저 감사할 뿐이다.

22년간의 교사 경험과 세 아이를 키우며 겪었던 수많은 시행착오 그리고 545일 동안 온 가족이 했던 여행 등의 모든 것이 한데 모이자 시너지가 생겼다. 청소년과 부모가 함께하는 가족 상담, 전국 특강 그리고 진로 교육과 부모교육 등으로 몸은 바쁘고 소득은 줄었지만 하루하루가 감사하다. 무엇보다 자신의 길을 스스로 만들어 나가는 아이들 덕분에, 사무실 유지비와 관리비 등을 제하고 남은 우리 부부의 실제 소득은 이전보다 월등히 줄었음에도 별로 부족한 줄 모르겠다. 먹고사는 것보다 더 중요한 마음의 여유를 찾고 나니 마음만은 그렇게 부자일 수가 없다.

"남 눈치 너무 보지 말고 나만의 빛깔을 찾으세요. 당신은 세상에서 가장 소중한 사람입니다."

혜민 스님의 이 글귀를 읽으면 '옳다, 옳다' 하는 마음이 절로 든다. 다른 이들의 색깔과 비교하다보면 지칠 수밖에 없다. 우리 가족의 삶은 예전보다 소박해졌지만 그다지 부족하다고 느껴지지 않는 이유 역시 바로 '지금의 나 자신에 감사하고, 내가 할 수 있는 지금의 일에 보람을 느끼기 때문'이다.

숲에 들어가지 않으면 길을 잃어버릴 염려도 없다. 그러나 숲속으로 들어가지 않으면 그 속에 숨어 있는 아름다운 들꽃도, 우람한 자작나무의 위풍도 만나지 못할 것이다. 가보지 않은 길에는 가슴을 뛰게 하는 매력이 있다. 지나치게 두려워하지만 않는다면, 우리 모두는 그 길에서 자신의 진정한 색깔을 발견할 수 있을 것이다.

세계일주 교사부부와 함께하는 '가정과 교육 세움터'

가정과 교육 세움터는 이 시대 가정의 회복과 행복한 교육 실현을 위해 학교와 기관, 부모와 자녀의 실제적인 필요를 돕는 기관입니다. 무엇보다 가족 구성원들 사이에서 발생하는 갈등과 다툼으로 깨어지는 가정들을 바로 세우고자 합니다. 실제적인 부모 교육을 통해 부모가 자녀교육의 건강하고 지혜로운 리더 역할을 감당하도록 돕습니다. 또한 자녀들의 타고난 적성과 재능을 개발하는 단계별 도움을 통해 획일적, 입시중심의 교육으로 고통당하는 자녀들을 구체적으로 돕고자 합니다.

가정과 교육 세움터에서는

1. 교육활동: 부모와 자녀, 학교, 기관을 대상으로 하는 교육
프로그램 1 부모 코칭 훈련과 각 기관별 맞춤형 부모 코칭 훈련(4주, 8주)
프로그램 2 부모와 함께하는 진로적성 캠프(1일)
프로그램 3 각 기관별 맞춤형 진로적성 캠프(1일, 1박2일, 2박3일)

2. 상담활동: 각종 심리 검사를 통한 상담활동
프로그램 1 소통과 회복 가족상담(가족 전체)
프로그램 2 진로-적성 상담(초, 중, 고)
프로그램 3 학습상담(초, 중, 고)
프로그램 4 부부상담(prepare/enrich-cv)

3. 특강활동: 학교와 각 기관에 맞는 맞춤식 특강
프로그램 1 소통과 회복의 세계여행 이야기
프로그램 2 20년을 앞서가는 새로운 진로교육
프로그램 3 행복한 관계를 위한 성공적인 의사소통법(부모, 교사와 학생, 교회·직장 동료 간의 소통)

위의 활동들을 통해 총체적이고 통합적인 교육을 하고 있습니다.
부모와 교육관계자들이 이곳에서 다음 세대의 새로운 교육희망을 찾으시길 바랍니다.

경기도 성남시 중원구 성남동 4169번지 성남메트로칸 517호(8호선, 분당선 모란역 5번 출구 바로 앞)

가정과 교육 세움터
Tel   031) 756-0009
카페   http://cafe.daum.net/happyhome-edu
E-mail is-hoho@hanamail.net (박임순 소장)

북노마드